RODICA ELENA LUPU

PUTEREA DESTINULUI

PUTEREA DESTINULUI

Autor: Rodica Elena LUPU

Tehnoredactare: Rodica Elena LUPU

Editor: Ioana ENE

Prima Ediție a apărut la Editura ANAMAROL, București, 2013, Editor Rodica Elene Lupu, ISBN: 978-606-640-062-6

ISBN: 978-1-936629-33-6

COPYRIGHT 2014 © REFLECTION PUBLISHING

Reflection Publishing. P.O. Box 2182

Citrus Heights, California 95611-2182

E-mail: info@reflectionbooks.com

www.reflectionbooks.com

Tiparită în Statele Unite ale Americii

Nepoților mei, Ana-Maria și Dragoș Andrei,
pe care îi voi iubi și dincolo de timp

"Tainele mării nu se cunosc de pe mal." **Rodica Elena LUPU**

Poetă și prozatoare de succes, doamna Rodica Elena Lupu se prezintă cititorilor ca o creatoare de inspirație contemporană, tratând – cu har și îndrăzneală – o serie de teme interesante, dând o atenție aparte iubirii și aspectelor psihologice ale acesteia.

Romanele sale abordează relații mai deosebite dintre cupluri și grupuri umane, tratându-le cu bună pricepere, reușindu-i profunde analize psiho-sociale, cu care își captează cititorii. Aici s-ar așeza romanele: "Puterea destinului", "Jocul de-a viața", "Clipe în doi", "Iubire, tu", "Dincolo de timp" "Glasul inimii" - un fel de saga românească - aflat la a doua ediție; tot în acest spațiu se pot situa titlurile: "Mâna destinului", "Eterna poveste", dar și romanul "Mister", scris alert, cu o subliniată tentă polițistă, ce se poartă atât de mult azi în proza contemporană, demn de un bun scenariu de film.

Scriitoarea Rodica Elena Lupu este și un excelent editor, conduce casa de editură "ANAMAROL" cu o susținută producție de carte; la bogata-i activitate se mai adaugă și cărți pentru copii, precum și susținuta-i muncă de om de radio; avem așadar un profil exemplar al omului-cultural, atât de necesar timpului de față.

Cu prietenie și aleasă prețuire colegială scriitoarei de chip ales Rodica Elena Lupu, spre o permanență înnobilare prin iubire!

Radu CÂRNECI
Poet, eseist, traducător, critic literar

PREFAȚĂ

Într-un roman se naște un dramaturg, în stare să-l transforme într-un reușit scenariu de film.

Romanul „Puterea destinului", de talentata poetă și prozatoare Rodica Elena Lupu ne relevă prin structura compozițională frecvența dialogului, indicațiile scenice și suspansurile așezate la locul lor - un autentic dramaturg. Tematica, natura personajelor, conflictul, căutările lor asidue, este ca într-un roman polițist. Personajele din felurite generații sunt foarte ciudate, în felul lor. Dinu, rănit într-un acident de mașină provocat de soția lui Eva, la ieșirea din spital este luat de Mara acasă la ea, intre ei îmfiripându-se o idilă, dar într-o zi, surpriză pentru cei din familia lui se întoarce acasă. Eva care se preface că își pierde luciditatea își revine și se declanșează o nouă serie de conflicte. E implicată în demersul epic și fiica lor, care are un mariaj nefericit cu escrocul Grig, un personaj din stirpea lui Dinu Păturică, din romanul „Ciocoii vechi și noi", al lui Nicolae Filimon, Tănase Scatiu, din romanul omonim al lui Duiliu Zamfiresu, Stănică Rațiu, din „Enigma Otiliei", arivistul fără scrupul moral și escrocul locvace, un avocat fără procese, Iancu Urmatecu din „Sfârșit de veac în București", de Marin Sadoveanu. Este un personaj care ruinează o întreagă familie prin patima jocurilor de noroc. Personajele sunt oameni obișnuiți, nici eroi de epopee, nici săraci, nici sfinți.

Romanul acesta răspunde, parcă, cerinței autenticității din gândirea estetică a lui Camil Petrescu. Prin vivacitatea acțiunii, prin cultul amănuntului în analiza comportamentului personajelor din felurite cupluri, romanul Rodicăi Elena Lupu este un roman modern, realist, cu admirabile analize psihosociale și discrete note de roman polițist ceea ce sporește interesul cititorului. Frumos scris, romanul are, cum spuneam, structura stilistică a unei piese de teatru sau scenariu de film.

Romanul social, erotic, psihologic „Puterea destinului", de Rodica Elena Lupu impresionează prin autenticitate, prin firescul oamenilor, prin franchețea, curajul cu are abordează probleme delicate, relații, vicii într-un stil foarte direct și original. Autoarea se distinge prin îndrăzneala spiritului său de analiză și de a prezenta totul realist, fără să tăinuiască nimic din ceea ce este omenesc.

A existat în istoria criticii că o femeie romancier nu dezvăluie nimic din ceea ce este strict mister în sufletul feminin. De aceea mari spirite critice au apreciat atât de mult pe romanciera Hortensia Papadat Bengescu care ar fi depășit acest handicap în prezentarea personajelor sale feminine. Așa stau lucrurile și cu romanul „Puterea destinului" care cucerește în chip deosebit prin frumusețea și profunzimea gândirii și a stilului aforistic.

Prof. univ. dr.Ion Dodu BĂLAN
Critic și istoric literar
folclorist, poet, prozator
București, mai 2014

CUVÂNT ÎNAINTE

Despre dragoste, toți oamenii povestesc cu bucurie. Poveștile legate de dragoste sunt înfrumusețate, prelucrate, ca pietrele prețioase, șlefuite să strălucească. La întâlnirea cu dragostea fiecare crede că devine nemuritor. Am auzit o mulțime de povești de dragoste împlinite, care s-au terminat banal și povești de dragoste neîmplinită, idealizate și împodobite de fantezie, ca pomul de Crăciun.

Îmi aduc aminte că o dată, cu o atitudine liberală față de sexualitate, cineva, a făcut o glumă.

"Fiecare femeie ar trebui să aibă un amant, o mică bucurie a ei, ca un leac împotriva greutăților vieții, să nu se acrească, să fie bune mame și soții drăgăstoase. Relația extraconjugală reprezintă un sedativ pentru tensiunile psihice. După ce și-a luat porția de afecțiune o revarsă asupra celorlalți."

Discuția a început pe ton de glumă.

"E posibil să iubești doi bărbați în același timp?

I-am răspuns că e posibil să iubești doi bărbați în același timp, cum e posibil să nu iubești niciunul. Cu unul să îți satisfaci dorința fierbinte de afecțiune și la celălalt să cauți sentimentul de securitate.

Persoana m-a privit mirată. Mi-am dat seama că nu i-a plăcut răspunsul meu. Mă opresc să comenez. Mi-a zis că nu e ușor să ai relații emoționale duble, fericirea ei fiind umbrită de ideea că poate să îi piardă pe amândoi. Așa e pe lume, orice bucurie ascunde în ea sămânța tristeții.

Trebuie să recunosc că „teoria căsniciei consolidată printr-un amant", mi-a dat de gândit.

E interesant să asculți femeile și băbații vorbind despre relațiile lor sexuale. Femeile vorbesc de iubirile lor. Trupul femeii are memorie, uită mai greu prezența bărbatului căruia i s-a dăruit cu o mare încărcătură emoțională. Bărbații se laudă cu cuceririle. Morala bărbătească le dă nişte drepturi, le scuză ingratitudinile, pentru cei mai mulţi bărbaţi femeia e o necesitate veşnic neîmplinită. Fug toată viaţa după fericirea pe care nu ajung să o cunoască.

Dorinţa împlinită şi cea căutată îl împinge pe om înainte, căutând noi căi libere, fugind către împlinire.

Relaţiile care se stabilesc între parteneri sunt atât de diferite, ca nuanţele florilor. Infidelitatea în cupluri cuprinde toată gama de sentimente. Cauza multor dazamăgiri şi divorţuri e adulterul. Am reţinut o cugetare, pe care nu ştiu cum s-o cataloghez, înţelepciune ori indiferenţă:

„El mă înşeală, îl înşel şi eu, că n-o să stricăm totul pentru prima amantă sau primul amant apăruţi în viaţa noastră."

Eu nu vreau să blamez pe nimeni, scriu doar întâmplări auzite. Oamenii îşi povestesc mai mult necazurile decât bucuriile. Cele mai multe bucurii sunt legate de copii şi de reuşitele lor. Să trăiască fiecare după legea lui, după pofta inimii, dar nu pot să spun că nu sunt ispitită să definesc această lume: compromis, minciună şi egoism.

Lumea în care pătrundem, născându-ne, este crudă şi cruntă şi totodată de o frumuseţe dumnezeiască.

A rămas în mine bucuria copilărească, să văd în multe lucruri frumosul, să cred că după necaz vine bucuria, să mă proiectez într-un viitor mai bun, să mă intereseze tot ce îmi poate stimula imaginaţia şi captiva atenţia, şi să mă bucur de privelişti, sunete, miresme şi de relaţia cu oamenii.

Să fie oare puterea destinului?

Rodica Elena LUPU

PARTEA ÎNTÂIA

Discuția purtată cu mătușa, a determinat-o pe Elena să îl viziteze pe tatăl ei.

Fără să-i spună mamei unde pleacă, a doua zi de dimineață, cu trenul ajunge în orașul în care tatăl ei locuia de când a dispărut din spital.

Bate în ușă, dar nu i se răspunde. Insistă și în cele din urmă o convinge pe Mara să deschidă.

-Bună ziua! Scuze pentru deranj, dar am aflat că tata locuiește aici cu tine și vreau să-l văd.

-Bună ziua, Elena, da, tatăl tău este aici, deschide ea ușa camerei în care se afla Dinu.

-Bine te-am găsit, tată... i se adresează ea cu jumătate de voce.

-Bine ai venit Elena! Doamne, cât mă bucur, îi spune tatăl ei, așezat într-un fotoliu, cu picioarele acoperite cu o pătură de lână.

-Iartă-mă că te deranjez, dar am vrut să mă conving că cele aflate sunt adevărate.

-Vino, stai aici lângă mine, draga mea.

-Doamne! Mama a dat peste tine cu mașina intenționat? Nu pot să cred! Nu se poate! E imposibil!

-Elena, sunt în viață! Nu-ți învinui mama! A fost orbită de pasiune. Sunt sigur că n-a vrut să facă rău nimănui. Tocmai de aceea a fugit de la fața locului, credea că și-a ucis soțul...

-Doamne, e îngrozitor! Ea credea că te-a omorât. De ce nu te-ai întâlnit cu ea să știi că suferă? Poate că de asta a devenit așa rea cu noi. Spune, tată, ai vreo scuză? De ce ai făcut asta?

Ușa se deschide și intră Mara.

-Eu pot să-ți explic mai bine decât tatăl tău. A fost numai vina mea.

Elena o privește lung.

-Bineînțeles. De ce a trebuit să insist atât de mult? N-ai vrut să mă lași să intru să-mi văd propriul tată?

-La început da, dar acum ești aici. Nu regret nimic. Am încercat doar să-l apăr pe tatăl tău de nedreptate și de mânia Evei, se apropie Mara de Dinu și îi pune mâna pe umăr.

-Să-l aperi de soția lui credincioasă și de copiii lui iubitori? Nu pot să cred!

-Când soția lui credincioasă a fugit, am rămas doar eu cu el, rănit. Zăcea într-o baltă de sânge. M-am uitat la el. Părea cu adevărat mort. Am îngenunchiat lângă el. Mama ta nu l-a putut ierta pe Dinu și repeta întruna că l-a ucis... îi spune Mara și nu mai reușește să-și oprească lacrimile. Când mi-am dat seama că tatăl tău trăiește am hotărât că nu voi lăsa pe nimeni să pună mâna pe el. L-am dus la spital și când a venit cel de la poliție el nu a vrut s-o acuze pe mama ta, a spus că a fost lovit de o mașină dar nu a reținut numărul și nici nu știe cine a putut să fie. Apoi când a fost externat l-am dus acasă la verișoara lui și apoi l-am adus aici la mine.

-Deci mătușa mea știa tot?

-Da, ea a ajutat-o pe Mara, a învățat-o ce trebuie să facă. Timp de câteva luni am zăcut în pat, apoi mi-am revenit. Și asta numai datorită iubirii și felului în care m-a îngrijit Mara...

-Ce vrei să spui tată? Trebuie să-i mulțumesc Marei că ți-a salvat viața? Nu te-ai gândit la noi că și noi te iubim?

-Cum să nu mă gândesc, v-am scris scrisori, în secret.

-Scrisori?

-Da, le-am trimis pe ascuns draga mea, ca să nu afle Eva că trăiesc.

-Voiai s-o faci să sufere?

-Stai puțin, nu înțelegi? N-am vrut ca mama copiilor mei să fie vinovată de moartea soțului ei.

-Eva spunea că l-ar ucide iar și iar pe Dinu, apoi a plecat din locul unde l-a lovit cu mașina, intervine Mara.

-Foarte nobil din partea ta, tată! Ai avut mare grijă de soție și de copii. N-am primit nici o scrisoare.

-Nu se poate!

-Nici o scrisoare! Jur!

-Minți!

-I-ai făcut pe toți să creadă că ești mort iar tu te bucuri de viață, îi spune Elena supărată și se îndreaptă spre ușă.

-Stai puțin, Elena! Nu vreau să te pierd.

Ea se întoarce din prag și îl privește cu ură.

-M-ai pierdut din momentul în care ai rămas cu o curvă, în loc să te întorci acasă!

-Stai! Te implor, nu pleca!

-Când am fost obligată să mă mărit, am visat tot timpul că, dacă tata ar trăi nu i-ar lăsa să se poarte cu mine așa și că n-ar lăsa niciodată să mi se întâmple ceva rău. După cum se vede, erai în viață, ai iubit și ai fost iubit.

-Stai, Elena! Fetița mea, nu pleca! Nu pot veni după tine, stai.

Dinu se ridică cu greu și se sprijină în bastonul rezemat de fotoliu. Văzându-l că abia reușește să stea în picioare, Elena își dă seama prin ce trecuse cu adevărat tatăl ei.

Cu lacrimi în ochi ea se întoarce și îl ajută pe tatăl ei să se așeze în fotoliu.

-Iartă-mă, tată, îmi pare rău. Nu știam că ești așa grav rănit. Nu mi-ai spus...

-Tatăl tău suportă cu curaj boala, intervine Mara. Dacă ai ști prin ce dureri a trecut. Era cât pe ce să moară!

-Mara, te rog.

-Elena, te rog promite-mi că nu-i vei spune mamei tale că l-ai găsit pe tatăl tău. E mai bine să stea aici, cu mine. Gândește-te doar ce i-ar face tatălui tău dacă ar afla.

-Ce vorbești? Vrei să mint?

-Mama ta a făcut multe greșeli, a distrus multe vieți...

-Și asta, numai fiindcă te-ai gândit dumneata la toate? Cum ai putut face asta?

-Elena, eu o să îndrept lucrurile! Îți dau cuvântul meu...

-N-o să poți îndrepta nimic, tată. Ai jurat că vei fi alături de aleasa inimii la bine și la greu în biserică, atunci când erai cu mama în fața altarului. Acum, vreau să știi că ești mort și pentru mine și pentru ea.

Dinu se ridică din nou, dar era cât pe ce să cadă dacă nu l-ar fi sprijinit Mara.

-Vezi? Nu le pasă de tine. Am știut încă din ziua aceea că cineva din familia ta va veni și te va acuza că ai îndrăznit să te îndrăgostești.

-Mi-am pierdut copiii. I-am pierdut pentru tootdeauna... oftează el.

-De asta te-am ascuns de toți, Dinu. Te-am ascuns... îl îmbrățișează Mara.

-M-ai ascuns? Ce înseamnă asta? Scrisorile... Nu le-ai trimis niciuna copiilor?

În loc de răspuns Mara plânge.

-Nu?! M-ai mințit?

-Da! Iartă-mă! Te-am apărat. M-am temut pentru tine. Am avut grijă de tine, îl îmbrățișează ea din nou, dar el o respinge. Am vrut să apăr dragostea noastră și asta o să fac, până la ultima mea suflare.

-În fiecare zi, suportând durerea am învățat să merg, și numai ca să pot ajunge la copiii mei, să-i rog în genunchi să mă ierte. N-o să mă poți opri!

-Te rog, nu pleca! Te implor, Dinu! O să fac tot ce vrei, dar nu pleca, te rog!

-Din cauza ta, mi-am pierdut copiii. N-o să le poți lua niciodată locul.

-Am înțeles, tot ce am făcut pentru tine nu are nicio valoare.

Dacă nu poți să mă ierți...
-În ultima vreme un singur lucru m-a mai ținut în viață, acela că îmi voi regăsi familia.

* *

Poarta se deschide larg și sprijinit în cârje Dinu intră în curte și se îndreaptă spre terasa casei.
-Tată, tu! se ridică de pe șezlong Raul și îl întâmpină.
-Da! Sper că înțelegi că nu sunt o fantomă. Dacă nu mă crezi, poți să mă atingi. Bună, Raul, îi spune el zâmbind.
Raul se apropie de el și îl îmbrățișează.
-Tată, totul a fost...
-Am fost grav rănit, nu m-am mișcat din pat șase luni, apoi încet am început să merg. O femeie a avut grijă de mine.
-N-ai avut nici o ocazie să ne anunți despre tine?
-V-am scris, dar am fost înșelat. Elena nu v-a spus nimic? îl întreabă el cu privirea îndreptată spre fiica lui cea mare, care își face apariția pe terasă.
-Cum? Elena știa că trăiești!
-Știa!
-De ce n-ai spus nimic? o întreabă Raul supărat.
-Nu eram sigură dacă tata se întoarce acasă sau...
-Sau ce?
-Sau vrea să rămână cu femeia aceea.
-Nu există nici o femeie pe lumea asta care poate înlocui fericirea de a fi alături de copiii tăi. Visam să mă reîntorc și v-am scris.
-Dar n-am primit nimic.
-Mara nu a trimis scrisorile. Numele femeii ăleia e Mara. M-a iubit și a încercat să mă țină la distanță de familia mea. O înțeleg, dar nu-ți poți construi fericirea pe durerea altcuiva.

-Unde e ea acum?

-Pentru mine, ea nu mai există.

-Tată, a fost așa greu fără tine, îl îmbrățișează din nou Raul. Cel mai important e că trăiești și că ești din nou acasă.

-Mulțumesc, fiule.Tot ce v-am spus este adevărat, fără voi n-aș fi supraviețuit... Răbdare. Totul va fi la fel. Vă promit.

-Lucrurile nu pot să fie la fel, îi spune oftând Raul.

-Vorbești despre mama ta?

-Și despre ea.

-Da, ai dreptate. Trebuie să vorbesc cu ea despre tot.

-Mi-e teamă că nu va fi ușor, îi spune Elena.

-De ce? Da, știu, e destul de temperamentală, dar sunt pregătit. Unde e?

-Nu este vorba despre temperamentul ei, spune Vlad.

-Atunci, despre ce este vorba?

-A înnebunit, îi răspunde Elena.

-Eva... oftează el și se lasă pe scaun cu capul sprijinit în mâini.

-Tată, te simți bine?! îl întreabă speriată Elena. Raul, cheamă repede un doctor.

-Nu, nu ami nimic, răspunde Dinu. E în ordine. Când s-a întâmplat?

-De curând, îi răspunde Elena. L-a lovit cu mașina pe vecinul nostru și a murit. Apoi, ea s-a îmbolnăvit și am internat-o în spital...

-Cum? Pe cine a lovit cu mașina?

-Pe Aurel. Mama voia să se răzbune pe tine....

-Pentru ce?

-Pentru că ai înșelat-o.

-Doamne Dumnezeule! Fantastic! Și l-a lovit pe Aurel cu mașina?

-E într-o stare foarte proastă. E imprevizibilă, îi spune Elena oftând.

-Trebuie să ai grijă, îl atenționează și Raul.

-Voi face tot ce pot ca s-o ajut. Doamne, e numai vina mea! Iertați-mă, dacă puteți.

-Nu e de ajuns doar iertarea, îi spune supărat, Raul.

-Înțeleg.

-Tată, n-ai înțeles că relația ta cu femeia aia putea să se întoarcă împotriva întregii familii, împotriva noastră a tuturor? îi reproșează băiatul.

-Învață ceva din lecția mea, Raul.

-Prietenul tău a fost ucis, mama a înnebunit iar Elena s-a măritat cu un nemernic mulțumită lecției tale!

-Raul, încetează! De ce spui asta? Tata era aproape mort. Acum, se întoarce și își cere iertare. Nu e suficient? intervine Elena.

-Depinde cum privești problema.

-Astea sunt cele mai îngrozitoare clipe din viața mea, oftează Dinu. Sunt vinovat și nu cer decât puțină milă.

-Noi o să te iertăm, dar...

-Copii! Ce faceți aici? E timpul să vă culcați. E târziu, le spune mama și după ce-i pupă pe cei doi și dă cu ochii de Dinu continuă: Ți-ai băut laptele, Elena? își întreabă fiica și nu-l scapă din ochi pe soțul ei. Fetițo, ești așa de palidă!

-Eva! se apropie Dinu de ea.

-Mamă! o prinde pe după umeri fata. Uite, tata s-a întors, e cu noi acasă.

În următorul moment Eva cade pe scaun și leșină.

-Să chem medicul? întreabă speriată fata.

-Vrei apă? îi oferă băiatul.

-Numai puțin...

-Cum te simți? Îți este mai bine acum? o mângîie Dinu pe frunte.

-Dinu, iubitule, te-ai întors... Mă bucur... Gata, mi-e mult mai bine! Unde ai fost? Acum totul va fi bine. Mi s-a părut că a trecut cam mult timp de când ai plecat la București.

-N-am fost la București.

-Copiii au cam scăpat de sub control, dar... Mi-a fost tare dor de tine dragul meu...

-Și eu am visat la această reîntâlnire.

-Ce e cu tine? Abia dacă poți merge. Ce s-a întâmplat?

-Nimic grav.

-Cum adică nimic grav? Văd că e ceva în neregulă.

-Totul e bine. Mie îmi este bine. Dar văd că tu nu ești....

-Stai puțin, zici că nu ai fost la București? Dar unde, unde ai fost? schimbă ea subiectul.

-Eva!

-De ce ai lipsit așa mult, Dinule?

-Am multe să-ți spun.

-Lasă, îmi spui altă dată. Ajutați-mă să mă ridic. Mă duc în camera mea să mă întind. Trebuie să fiu singură ca să mă pot odihni...

-Te conduc eu, mamă.

-Nu, nu e nevoie, Raul! Stai cu tatăl tău. Vorbește cu el.

-Mamă, uite niște apă.

-V-a fost așa de dor de el... le spune ea fără să bage în seamă paharul întins de Elena, ba mai mult o dă deoparte din calea ei și intră în casă.

Cum ajunge în camera ei, Eva închide ușa și se trântește în pat: „Bine jucat. Am fost la înălțime. Bine că nu m-am dat de gol." își spune ea și zâmbește satisfăcută.

Dinu rămâne șocat de felul în care este soția lui.

-Cine-mi va explica? își frământă el mâinile.

-Ce-ar fi de explicat? Te-am avertizat... îi spune Raul.

-Da, m-ați avertizat, oftează el.

* *

După ce s-a convins că toți ai casei dorm, Eva iese tiptil pe ușă și se îndreaptă spre marginea satului. Acolo, aproape de pădure, locuia cea mai bătrână femeie din sat, Flora, căreia i-a mers vestea că e clarvăzătoare și mulți veneau la ea să-i ceară sfatul și să le spună ce le prevestește viitorul.

Nervoasă, Eva lovește cu pumnii în ușă.

-Ce e cu tine, femeie? De ce bați așa? îi deschide somnoroasă bătrâna.

-Spune-mi chiar acum unde a fost soțul meu în acest timp? Unde s-a ascuns? Spune-mi vrăjitoare bătrână!

-Ascultă, Eva, nu-ți permit să urli la mine. sau ce, ai uitat că aici ești în casa mea?!

-Auzi la ea... Să nu urlu? Dar, când e vorba de distrus familii, asta poți să faci!

-Nimeni nu s-a atins de familia ta! Tu ești cea care se împiedică și pe alții nu-i lasă să trăiască.

-Ascultă zgripțuroaică bătrână, de ce nu mi-ai spus mie și i-ai spus Elenei totul?!

-Fiica ta e fată deșteaptă. Nu i-am spus absolut nimic, a aflat singură.

-Dar nu fără ajutorul tău, nu-i așa?

-Eram în pădure în ziua în care ea culegea ciuperci și m-a salutat. Mai rar o astfel de atitudine în rândul tinerilor din ziua de azi. E o fată minunată. Păcat... Am schimbat doar câteva vorbe. I-am spus despre soțul tău și că știu că Mara și doctorul Luca l-au salvat. Știu că ai dat peste el cu mașina și l-ai lăsat acolo jos. Dacă nu era Mara...

-Știi pe dracu'! Nu știi nimic scorpie... Nu l-am lovit eu cu mașina. Dar de ce trebuia să-i spui tu Elenei toate tâmpeniile astea?

-Eu doar i-am sugerat că tatăl ei e viu, ca s-o liniștesc pe biata fată.

-Ai liniștit-o. Și tuturor le e mai rău acum!

-De ce naiba l-ai ucis pe Aurel? De ce i-ai distrus viața fiului său și ai măritat-o pe Elena cu nemernicul ăla de Focșa? Te-ai împovărat cu atâtea păcate, Eva.

-Aurel era la fel de vinovat ca și Dinu. I-a ascuns în casa lui, le-a creat condiții ca să se poată întâlni să se...

-Pe toți i-ai pedepsit! Bravo! Și acum te prefaci nebună. Da, desigur! Cine mai pune întrebări unei femei nebune? Un nebun nu poate răspunde pentru faptele lui.

-Ce ai vrea? Nebună ești tu! Ai vrea să putrezesc în închisoare toată viața?!

-Închisoarea este locul pentru ucigași!

-Dacă eu aș fi fost în putere să fac legi în țara asta, aș fi găsit o pedeapsă mult mai mare pentru soții necredincioși, nu pentru ucigași.

-Ce mai pui la cale? Încetează, femeie!

-Nu mă învăța tu pe mine! Nu te băga în familia mea, zgripțuroaică bătrână! O să mă descurc singură!

-Da, văd cum te descurci. N-o să mai rămână nimeni viu! Ești o ucigașă! Locul unei ucigașe e în închisoare, nu în casa mea... Dacă nu mărturisești totul să știi...

-Vrăjitoare bătrână! Vrei să mă ameninți? Spui că nu au loc în casa ta ucigașii, dar sunt doi aici! îi spune Eva și o săgetează cu privirea.

Flora privește în pământ și se așează pe scaun oftând, în timp ce Eva iese trântind ușa.

„Eu nu am nimic de pierdut" își spune Flora plângând.

* *

Discuția purtată cu Flora, o face pe Eva să se întoarcă acasă bine dispusă. Se dezbracă, își pune halatul și își leagă părul cu un șal. Se așează în fotoliu și își aprinde o țigară. Trage cu plăcere în piept fumul și râde.

„Îi voi pune eu cu botul pe labe. Vreau să înțeleagă o dată pentru totdeauna că eu sunt stăpână în casa asta. În definitiv totul îmi aparține. Dacă nu era bunicul meu să-mi lase restaurantul ce-aș fi făcut un an de zile cu trei copii pe capul meu. Și ce crede imbecilul ăsta că am să-i cad în brațe? O vrea el... Să-și pună pofta-n cui! N-am fost fraieră niciodată iar acum că s-a întors și se căiește o să mi-o plătească el cu vârf și-ndesat. La treabă băiete, că te așteaptă vremuri grele! Plătește-ți toate păcatele, dacă ai avut curaj să te întorci! Dar oare ce s-a întâmplat cu muierea aia? Cum o chema oare? A, da, Mara. Frumoasa Mara, de-ar lua-o dracul de nenorocită! I-a mâncat banii și el prostul... Doamne! De ce sunt atât de proști bărbații ăștia! Au totul acasă mură-n gură și lor le trebuie mereu alta. Unde e oare târfa aia acum? Și cum de l-a lăsat să plece? Trebuie să aflu tot ce s-a întâmplat între ei. De ce a părăsit-o? Mor de curiozitate... Dar lasă, nu-i nici o problemă, știe Eva cum să procedeze, ca să scoată de la el tot ce dorește. O simplă mângâiere și „scumpul meu" Dinu spune și ce lapte a supt de la mă-sa. Acum bea puțin vin și odihnește-te, Eva. Nu-i nici o grabă. Îl ai din nou aici în mâinile tale. Și mâine e o zi...."

După ce se demachează și își întinde pe obraz crema de noapte, Eva se așează în pat, se acoperă cu plapuma și somnul pune stăpânire pe ea cât ai zice pește.

* *

Razele soarelui, care pătrund pe lângă draperie ajung până pe pernă, iar mirosul proaspăt de trandafir o face să deschidă ochii.

-Eva, draga mea, te-ai trezit? Eva... șoptește Dinu cu un trandafir roșu în mână.

-Ce frumos! miroase ea bobocul de trandafir. L-ai adus pentru mine de la București?
-Nu, e de la noi din grădină. Eva... o mângâie el ușor pe frunte. Trebuie să vorbim despre lucruri serioase.
-Dinu, stai jos și spune-mi ce ai la picioare, de ce mergi așa de greu? Ai căzut de pe cal?
-Nu despre asta vreau să vorbim.
-Dar despre ce?
-Am venit să-ți cer să mă ierți.
-Pentru ce?
-Eva...
-Dinu, dragul meu, ai lipsit așa de mult, îi mângâie ea mâna. Înțeleg că afacerile te-au reținut... Bucureștiul e atât de departe și...
-Probabil că nu mă vei putea asculta acum, dar... Trebuie să știi că e numai vina mea, Eva! Numai vina mea și a nimănui altcuiva.
-Ce s-a întâmplat? se preface ea că nu știe ce vrea el să-i spună.
-Te-ai chinuit! Te-am dus la capătul puterilor. Ai vrut să comiți cel mai cumplit păcat, dar acel păcat e al meu, îi spune el și îi sărută mâna cu ochii plini de lacrimi.
-Despre ce vorbești, dragul meu? Ce păcat, iubitule? Nu înțeleg nimic.
-Eva, m-ai urât așa de tare că erai gata să mă omori, dar cauza acestei uri am provocat-o eu.
-Dinu, ce tot spui? Cum aș putea să te urăsc? Tu ești soțul meu și tatăl copiilor mei, se ridică ea și îl cuprinde cu brațele pe după gât. La noi în casă totul merge bine. Avem copii minunați.
-Eva, eu sunt vinovat de moartea lui Aurel! N-ai auzit?
-Spune-mi, Dinu, când te-ai rănit ce ai la picioare? Ai mers la vreun doctor? Doctorul ăla te-a văzut și la cap? Poate ai ceva...

Aurel trăiește. A fost aici săptămâna trecută să întrebe când vii... Te respectă așa de mult. E un adevărat prieten... Și tu spui lucruri așa cumplite despre el!

-Da, loialitatea lui, bunătatea lui... Sunt vinovat de moartea lui.

-N-ar trebui să-ți faci așa de multe griji daragul meu. Îmi dai voie să mă ridic?

-Dacă ai putea să mă ierți ți-aș da orice! se ridică el de pe pat. Și copiii m-ar ierta. Iartă-mă! îi spune Dinu și cade în genunchi în fața ei sărutându-i mâna.

Enervată de gestul lui, Eva ia paharul de pe masă și îl trântește jos.

-Ce este Eva? Ce e cu tine?

-Dinu, dragule... Gândaci! Avem gândaci în casă inventează ea o scuză ca să se poată îndepărta și se apleacă, astfel ca el să nu o vadă zâmbind. Am văzut eu unul și am aruncat cu paharul după el. Scuză-mă.

-Lasă-i naibi de gândaci. O să prepar eu ceva cu ou și cu acid boric și o să moară toți.

-Ce bine că te-ai întors! Mă bucur. Când ești aici e mai multă liniște. Doamne, dar ce-am făcut! Am spart paharul!

-Stai liniștită. Mai avem destule. Da, avem destule și aici și la București.

-La București? zâmbește ea. Ce oraș frumos...

-Vrei să stai acolo o vreme?

-Singură?

-Nu, nu singură. Acum, o să fim mereu împreună. O să facem plimbări, o să mergem la teatru și la spectacole: Vreau să fii Eva pe care o știu eu. Să fii bine dispusă, să nu te mai temi de gândaci și să mă iubești iar... îi spune el și se apropie de ea cu gândul să o îmbrățișeze. Eva însă îi face semn să nu se apropie și se ferește din calea lui.

-Te-am iubit întotdeauna. Îmi pare rău... îi spune Dinu în timp ce ochii i se umplu de lacrimi.

Uşa se deschide încet şi Elena, fiica lor cea mare apare în prag.

-Ce bine că eşti aici. Am veşti bune. Tata ne duce la Bucureşti. Du-te repede şi strânge jucăriile. Eu mă ocup de celelalte bagaje între timp. O să mergem la teatru şi la spectacole... Trebuie să-mi iau bijuteriile. Cum de nu m-am gândit mai devreme? Mă duc să iau caseta cu bijuterii, le spune ea şi iese în grabă.

-De ce la Bucureşti, tată?

-Acolo este doctorul Maier, un psihiatru foarte renumit. L-am cunoscut acum ceva timp.

-Eu şi Raul vom fi bucuroşi să te ajutăm, tată.

-Mai întâi o să depunem o cerere pentru divorţ la Judecătorie, draga mea.

-Foarte bine, tată. Grig Focşa e un ticălos. De ce m-a forţat mama să mă mărit cu el, nu ştiu...

-Trebuie să-l alungăm de aici pe puturosul ăsta. Stă toată ziua şi nu face nimic.

-Ba da, face. Joacă poker seara până târziu în restaurant cu ţiganii şi cu beţivul acela de Nae. Mă bucur mult că te-ai întors, tată. Acum o să trăim ca înainte.

-Da, cu siguranţă. Te las, Elena. Vreau să văd ce e prin biroul meu.

* *

De dincolo de uşă, Eva aude discuţia celor doi şi radiază de bucurie când aude ce-i spune Raul tatălui său, care îi face observaţii privind încărcările-descărcările din registrul de gestiune al restaurantului.

-De ce să rămâi în sat, Raul? Du-te la Bucureşti. Acolo, după ce termini facultatea ai mai multe posibilități...

-Dar am lucruri care mă așteaptă și aici. Facturi de luna trecută și calcule legate de ce am vândut în cârciumă.

-Scoate-ți tote astea din cap! Chiar te interesează?

-Dar cine să aibă grijă de astea, tată? Mama după cum ai văzut-o și tu, e bolnavă.

-Cum adică cine? Eu mă ocup. M-am întors și o să mă ocup eu de toate.

-Ți-ai amintit de noi, tată? Abia te-ai întors din morți și ești iar stăpânul casei?! Al casei pe care ai trădat-o?!

-Ai dreptate! Regret că s-a întâmplat așa și Dumnezeu știe că voi face ca totul să fie bine.

-Nu va mai fi niciodată bine, îi replică Raul.

„Așa-ți trebuie, Dinule! A ajuns fiul tău să te judece. Vai de capul tău și de zilele tale..." își spune Eva zâmbind și deschide încet ușa.

-Am terminat de făcut bagajele, Dinule. Putem pleca. Vai de mine, am uitat. Mai trebuie să împachetez lucrurile copiilor. Mai avem timp? Raul, mămico, te-ai gândit ce jucării vrei să iei cu tine la București?

-Nu, mamă.

-Atunci, du-te în camera ta și ia ce jucării vrei tu drăguțule.

-Bine mamă.

-Doamne, doamne... se îndreaptă ea spre fereastră și zâmbește satisfăcută că își bate joc de ei Voi faceți omul să-și piardă mințile.

-Îmi pare rău că te-am supărat mamă.

-Tu nu mă superi niciodată, copilul meu drag, îl prinde ea de mână și îi zâmbește. Hai dragul mamei puișor, du-te repede și strângeți jucăriile, îl conduce ea până la ușă. Copiii să știi că ți-au dus dorul, Dinu dragă.

-Eva, probabil că la București nu vei putea sta prea mult cu ei.

-Nu-i nimic. Îşi doresc atât de mult să stea cu tatăl lor... Ai văzut că Raul s-a supărat că v-am întrerupt jocul?

-Da, acum are nevoie de mine mai mult ca oricând, îi răspunde el şi oftează. Problema e că nu înţelege asta.

-Mă tem că o să răcească bieţii copii, în drum spre București. La urma, urmei e iarnă.

-Da, nu e prea cald afară, dar până vine iarna mai este destul de mult. Spune-mi draga mea, n-ai vrea să amânăm călătoria pentru la primăvară?

-Ce, ai înnebunit? De ce te tot răzgândeşti? Am făcut deja bagajele, Dinu.

Pentru moment, el observă că reacţia ei este bună şi la subiect. Eva îşi dă seama şi ca să-l deruteze, schimbă macazul.

-Bine, Dinu. Facem cum crezi tu. Mă duc să-i spun lui Raul să nu-şi strângă jucăriile.

-Eva, eşti o mamă minunată şi o soţie credincioasă.

Fără să-l privească, ea se întoarce şi deschide zâmbind uşa, dar se opreşte în prag şi îi răspunde:

-Ştiu...

Dinu o urmăreşte cu privirea şi oftează.

* *

Cum urcă nervos scara, în hol, Raul e cât pe ce s-o dea jos pe Elena care iese din camera ei.

-Ia te uită! A şi uitat totul. Cum să-mi dea el mie lecţii!

-Ce ai frate? Vorbeşti de unul singur?

-Ce ştii tu? Ăsta deja a devenit tatăl iubitor...

-Nu a fost vina lui că a plecat, încearcă Elena să-l liniştească.

Situția l-a obligat să rămână acolo.

-Nu există situație care să te facă să-ți părăsești familia pentru altă femeie! țipă Raul și mai revoltat.

-Dar a iubit-o pe femeia aceea! Și dacă nu era ea, tata acum era între patru scânduri.

-Hai să presupunem asta, dar e doar un motiv pentru a-și scuza trădarea.

-Suferă la fel de mult ca noi, chiar nu vezi, Raul? Trebuie să-l iertăm.

-Nu, nu pot suporta așa ceva! Mama a înnebunit din cauza lui.

-Mama a comis o crimă iar tata încă n-a iertat-o pentru că a dat peste el cu mașina și l-a lăsat acolo singur.

-Nu prea cred...

-Mama e la fel de vinovată! Nu vă mai certați! Dumnezeu le va rezolva pe toate! Nu avem nici un drept să-i acuzăm pe mama și pe tata. Te rog, împacă-te cu tata, intervine Alina, mezina familiei.

-Ce rost are? Nu va mai fi ca înainte.

-Dacă-l iertăm noi, le va fi mai simplu să se ierte unul pe altul, e de aceeași părere Elena. Sunt părinții noștri. Nu avem altă familie și nici nu vom avea. Chiar nu poți înțelege lucrurile astea simple?

-Sau poate dorința de a fi tu stăpân aici te-a orbit de-a binelea?! îl întreabă revoltată Alina.

-Nu vreau nimic! Moșteniți voi totul! Nu vreau o amărâtă de cârciumă, le spune Raul și le lasă ca la dentist.

* *

Grig Focșa se întoarce acasă. Se dezbracă și atârnă sacoul pe cuierul din hol. Elena simte mirosul de țigară care o deranjează.

„Iar a fost la cârciumă. Îi put hainele a tutun de la o poștă. Fir-ar să fie!" spune ea și ia sacoul de pe cuier cu gândul de a-l scoate afară să se aerisească, dar observă pata de pe mânecă.

Privește atentă și își dă seama că e sânge.

„Ce-o fi făcut nemernicul ăsta?" se întreabă ea și după ce își aranjează coafura coboară în restaurant, cu gândul de a afla ce s-a putut întâmpla.

Aici, în fumul gros, de-l puteai tăia cu cuțitul, câțiva bărbați lălăiau amețiți de-a binelea. De cum o vede, unul dintre ei se ridică și o prinde de mijloc.

În cârciumă, îmbrăcat civil, intră prietenul lui Raul, inspectorul Dan Mezei și-l prinde pe bețiv de mânecă.

-Ce, bă! Cară-te de aici! îi spune cetățeanul turmentat.

-Ăsta ce caută aici? intervine un altul de la masa de lângă ușă.

-Dacă vrei să trăiești, nu mișca! sare altul.

-Lasă-l în pace, Dan! îi spune Elena și încearcă să scape de bărbatul care o strânge tot mai tare în brațe.

-Cum să-l las. Te-a insultat și trebuie să plătească. Du-te spre ușă!

-Poftim?

-Ți-am zis să treci la ușă! îi spune el și o smulge din brațele bețivului. Sunteți mulți, dar pe doi dintre voi tot voi reuși să vî bat dacă nu vă potoliți.

-Vedeți-vă de treabă, măi! Să trăiți domn' șef! îl recunoaște unul dintre ei pe noul sosit că e omul legii.

-Să plecăm de aici, Elena, îi spune Dan și ies din cârciumă.

* *

Vestea că un țigan dintre cei de la marginea satului, care seară de seară frecventează cârciuma lui Dinu a fost omorât s-a răspândit cât ai bate din palme. Toți se întreabă cine ar putea să fie ucigașul. Oameni șușotesc pe la porți și își fac cruce. Una ca asta nu s-a mai întâmplat la ei în sat.

„Bietul țigan, nu a făcut rău nimănui."; „Ăștia nu sunt răi, își văd de căldările lor."; „Nu fură ca alții."; „De când stau la marginea satului, nimănui nu i-a dispărut ceva din gospodărie." - își spun ei și se minunează de ceea ce au auzit.

Doi agenți, trimiși de comisar se prezintă la restaurantul lui Dinu, pe motiv că unul dintre clienții care a cumpărat cu o zi înainte bere a primit rest de la barman bani falși. Dinu ia vina asupra sa, motivând că soția lui e bolnavă și îi urmează pe cei doi la secție.

-Am vrut să-l omor iar el a luat vina asupra lui ca să mă scape, îi spune Eva fiicei ei, Alina.

-Asta fiindcă te iubește mamă... Trebuie să-i spunem totul Elenei. Merg să o caut.

Bucuros că isprava lui a dat roade, cum o vede singură, Grig, care a urmărit totul prin deschizătura ușii de la camera lui, intră în sufragerie și se apropie de Eva.

-Vă rog să primiți sincerele mele regrete, mamă soacră... Ați suferit atât de mult din cauza lui... Acum, după ce s-a întors acasă, am auzit că aveți și mai multe necazuri... Oare de ce a avut nevoie de bani falși?

-Ești un nemernic, un hoț, un om de doi bani. Tu ești vinovat pentru acei bani falși. Nu îndrăzni să negi!

-Cum poți să crezi așa ceva socrela? Dacă aș avea afaceri murdare chiar crezi că aș trăi în sărăcie? În schimb, casa ta e Raiul pe pământ.

-Ai intrat în casa mea în cel mai josnic mod cu putință.

-De ce spui asta? Ba deloc. Am ajuns aici însurându-mă legal și cu inima deschisă cu fiica ta.

-Chiar crezi că-mi voi refuza plăcerea de a te călca în picioare? De a te distruge canalie...

-De ce ai face asta? Sunt umilul tău servitor. Nu-ți ascund îndoielile și neajunsurile mele. Cred că mă cunoști mai bine decât îți cunoști bărbatul. De exemplu, știi ce a făcut el tot anul ăsta?

-De parcă tu ai ști...

-S-a schimbat mult. Acum e mai viclean. Și are și de ce să fie așa...

-Pe tine nu te face nimic să te schimbi. Ești același ticălos. Nu te afectează nici falsificarea bancnotelor, nici uciderea unui țigan. Nu mi se pare cinstit, dar o să te ajut eu să fii altfel. Sunt convinsă că vei fi alt om, după ce vei ajunge la mititica, da, acolo la pușcărie e locul tău.

-Ce vorbești socrela?! Le pot spune tuturor că nu ești deloc bolnavă. Și atunci o să ajungi tu la pușcărie. Să nu-mi spui că mă sacrifici pe mine ca să-l aperi pe Dinu... De curând, dacă-mi aduc bine aminte, voiai să-l omori. De ce ai nevoie de toate astea?

-Cred că ai uitat că e soțul meu.

-Ha, ha, ha... Cred că ți-ai pierdut de tot mințile. Acum chiar că nu ești întreagă la minte Nu pot să cred că după tot ce s-a întâmplat îl mai iubești. Ce ai? Ha, ha, ha... Ai uitat că l-ai lovit cu mașina pe Aurel pentru că îl găzduia pe scumpul tău soț și pe mândra lui? îi replică el și fără să mai aștepte răspunsul iese din sufragerie râzând.

* *

Alina nu o găsește pe Elena și o mai caută o dată în camera ei, dar rămâne surprinsă când îl vede pe cumnatul ei cotrobăind prin șifonier.

-Ce cauți aici Grig?

-Zilele trecute i-am dat Elenei un cadou. Am vrut să văd dacă îl păstrează, dar nu-l găsesc pe nicăieri. Unde o fi?

-E cadou, nu? De ce îl cauți? Poate că l-a pus într-un loc știut numai de ea.

-Tu chiar nu știi unde ar putea să fie?

-De ce nu o întrebi pe ea?

-Din păcate, nu e acasă. Nu m-ar mira să fie la cârciumă beată criță și dansând cu bețivii.

-Cum poți să spui asemenea lucruri despre sora mea? Când a făcut ea așa ceva? O s-o aduc imediat aici să-i ceri iertare, îi spune Alina și iese din cameră supărată.

"Broșa de aur pe care i-am făcut-o Elenei cadou are zece grame și cum duc lipsă de banii, acum mi-ar prinde bine s-o găsesc. Dar unde a pus-o afurisita asta? caută el nervos.

"Unde naiba a ascuns nemernica asta, broșa? Acum după ce am pierdut totul la jocul de poker, am nevoie de broșă ca de aer. Am datorii la Surdu și mai trebuie să trimit niște bani și acasă la ai mei. Une a pus-o?" o caută el disperat.

Nervos, Grig e tot mai nerăbdător să găsească broșa.

„Unde a pus-o afurisita asta?" se întreabă el nervos și aruncă tot ce-I iese în cale pe jos.

„Păpușă! De asta are nevoie o femeie măritată?" trântește el păpușa pe care Elena o păstra de când era mică, nemulțumit că nu găsește ceea ce caută, dar tocmai atunci, broșa se desprinde din părul acesteia și cade pe pat.

„Ca să vezi... Foarte inteligent!" râde el și după ce ridică broșa de jos o sărută bucuros că a găsit-o.

„Acum că te am în mâna mea sunt salvat" râde el și sărută din nou broșa.

* *

Însoțită de inspectorul Dan Mezei, Elena urcă treptele și intră în casă.

—Unde ai fost? o întâmpină Alina pe chipul căreia se citea spaima. Tata a fost arestat.
—Cum?! Cine l-a arestat?! Ce s-a întâmplat?
—Au venit și au percheziționat casa. Mama a fost acuzată fiindcă ar avea bani falși într-un sertar. Tata și-a asumat vina în locul ei.
—Bani falși, de unde?
—Nu știe nimeni. Mama este șocată. Trebuie să-i fim alături cu toții.
—Mama nu are nicio legătură cu asta. Trebuie să te liniștești Alina.
—De unde vii? Soțul tău a spus că ești beată și dansezi în cârciumă cu bețivii.
—Lasă-l în pace pe nemernicul ăla. Poate a văzut ce s-a întâmplat în cârciumă, dar eu nu am nicio vină. Dan a fost acolo și știe totul. Du-te la mama! Vin și eu imediat. Ocupă loc și spune mai departe, Dan.
—Înainte să moară, țiganul a apucat să-mi spună: „broșa, banii, fals...". Poate că „fals" avea legătură cu banii. Și cu o broșă... De unde să aibă un țigan așa ceva?
—Poate îi câștigase de la Grig sau de la cei care joacă poker la cârciumă.
—Poate că sunt implicați în povestea asta.
—Ai dreptate. În casa noastră, toate necazurile pornesc de la așa zisul meu soț. Dacă țiganul știa că el îi dăduse bani falși, Grig a avut motive întemeiate să scape de el.
—Da, dar nu am cum să dovedesc asta, spune Dan.
—Ba da. Am găsit broșa în buzunarul hainei lui și el mi-a spus că e cadou pentru mine, dar minte. Haina era tare murdară. Chiar am vrut s-o spăl. S-ar putea să...
—Arată-mi broșa!
—Vino cu mine! Am ascuns-o, îi spune Elena și se îndreaptă

amândoi spre camera ei. Dacă am putea dovedi că Grig e vinovat, căsătoria mea ar fi anulată.

* *

În bucătărie, Eva se apropie de Alina, o mângîie pe păr și o sărută pe obraz.
-Copila mea, cum ai crescut... Până acum ar fi trebuit să înțelegi că viața nu-i atât de ușoară.
-Ce-ai spus? Ai zis că am crescut?
-De ce te miri? N-am dreptate?
-Dar până acum, ...
-Ești la vârsta la care ar trebui să te căsătorești, Alina. De ce mă privești așa? Ce-ai pățit, nu te simți bine?
-Ba da, dar nu-mi vine să cred că așa deodată îți amintești tot.
-De ce te miri așa?
-Până de curând mă credeai un copil. Îți aminteai numai trecutul, mamă. Prezentul nu exista pentru tine.
-Alina, draga mea, cred că-i o glumă proastă și n-am chef de glume acum.
-Mamă, e adevărat că ți-ai revenit? o îmbrățișează Alina bucuroasă.
-Dar am fost mereu alături de voi...
-Mereu? Ce vrei să spui? E uimitor că ți-ai revenit așa deodată.
-Secretele minții omului îi depășește și pe cei mai străluciți savanți.
-Așa e, am citit eu ceva despre asta... Unii oameni își pot controla mintea. Pot cădea în nebunie când asta e în avantajul lor, apoi se însănătoșesc foarte repede.
-Mă acuzi că mi-am revenit? Te vede Dumnezeu...
-Nu te supăra, mamă, încearcă Alina să o liniștească. Este

vina mea... Poate așa e, dar trebuie să mă ierți

-Cum poate să dispară toată dragostea ce v-o port, în ciuda celor ce mi s-au întâmplat? Toate nopțile în care n-am dormit, la căpătâiul vostru, când erați bolnavi... La urma urmei, nu sunt eu mama voastră? Asta n-o poți schimba, nu-i așa?

-Nu ești o mamă, ești un monstru! Cum ai putut să-l lași pe tata să ia vina asupra lui când știi foarte bine că nu e vinovat? De ce ai obligat-o pe Elena să se căsătorească cu imbecilul ăla de Grig? Toată nebunia ta a început după ce a murit Aurel, prietenul tatei, când ai fost acuzată că tu l-ai lovit cu mașina.

* *

Auzind pași, Grig nu mai apucă decât să se ascundă după ușă. De cum intră în cameră, Elena privește în jur și își dă seama că cineva a scotocit printre lucrurile ei. Se apleacă supărată și ridică de jos păpușa:

-Doamne, totul e vraiște... Păpușa mea! Dane, s-a terminat. Mi-a furat broșa!

-Ce s-a întâmplat? întreabă Grig, care, profitând de faptul că cei doi lăsaseră ușa deschisă se preface că tocmai atunci a ajuns și le vorbește din prag. Dar ce se întâmplă aici? Ia te uită! Ce cauți inspectore în camera soției mele? se apropie el de Dan.

-Unde e broșa? se răstește la el Elena. Vreau să-mi spui imediat de ce mi-ai luat-o.

-Liniștește-te, Elenuș. Care broșă, draga mea?

-Cea pe care ai furat-o de la țigan.

-Mă bucur că ești aici, inspectore! Acum te convingi și tu ce necazuri are familia asta, i se adresează el lui Dan, întorcându-i spatele Elenei. Mai bine zis vezi cu ochii tăi. Ce putem face, inspectore? Dacă e ereditar, e grav. O casă de nebuni. Vezi unde îmi este dat să trăiesc? Mama își pierde memoria, fiica vorbește numai prostii...

-Cum îndrăznești să mă insulți?
-Nu insult pe nimeni! Pentru tine, sunt dispus să îndur orice rușine. Când am aflat că ești la cârciumă, cu bețivii, dansând într-o postură indecentă, m-a durut, Elena dragă.
-Cine ți-a spus asta?
-Când vrei să te mai duci acolo, ar trebui să-mi spui și mie, ca măcar să pun pe cineva să te însoțească. Bărbații din satul ăsta sunt niște... Ai fi putrut păți ceva, Doamne ferește! îi spune el și își face cruce.
-Știu asta foarte bine.
-Nu vreau să mai aud nimic. Nu pot decât să mă resemnez, doamna Focșa. Mama e o nebună, iar fiica e la fel, inspectore Mezei.
-Dispari de aici! Te urăsc!
-Scumpa mea soție, nu-ți port deloc pică. Te iert. N-o să te părăsesc, nici chiar dacă situația se înrăutățește. Spun asta în fața unui martor. Mă iertați, vă rog domnule Mezei. Crede-mă, asemenea vorbe dor, mai adaugă el și iese din cameră, mulțumit că a întors totul în favoarea lui.
-Dan, să nu-l crezi! El mi-a dat broșa.
-Te cred, Elena. N-am venit aici să-i ascult nebuniile. Am nevoie de dovezi. Trebuie să găsim neapărat broșa.
-Bine, o s-o mai caut, îi spune ea și îl conduce până în hol, după care, se întoarce în cameră și caută peste tot.
-Elena, ai pierdut ceva? o întreabă Grig, care își face apariția imediat ce-l vede pe inspector plecând.
-Nu! Mi s-a furat ceva!
-Ce groaznic! Sunt hoți în casă?
-În casă e un singur hoț! Și acela ești tu scumpul meu soț. Ascultă, dă-mi înapoi ce nu-ți aparține!
-O altă fantezie de a ta? Nu înțeleg despre ce vorbești. Ai înnebunit și tu ca maică-ta? Ce dracu, în casa asta numai de

nebuni dai...

-Dă-mi înapoi broșa!

-Maică-ta, m-a fraierit și te-am luat de nevastă. Elena, în ultima vreme ai numai păcate... Dansezi în cârciuma asta murdară...

-Nu-i treaba ta!

-Cum nu-i treaba mea? Ești soția mea. Mi-e rușine că soția mea se poartă ca o femeie ușoară. Dar de ce mă mir? Ai mai încercat să mă intimidezi și altă dată.

-Nu fac asta.

-Mă îndoiesc serios, nu ești în toate mințile. Poate ereditatea e motivul, insistă el.

-Te detest!

-Cel mai bun doctor în cazul ăsta e liniștea, undeva într-un azil. Sunt sigur că e momentul să mă gândesc la lucrul ăsta.

-Ce se întâmplă? Gândești cu voce tare, Grig? se apropie de el Eva.

-Soacră dragă și frumoasă, de când înțelegi ce se întâmplă?

-Mamă, ți-ai revenit? se bucură Elena când aude ce spune mama ei.

-Dar când am fost eu nebună? Și tu, nu-mi spune mie „dragă", măi imbecilule! Ce s-a întâmplat, draga mea?

-Dumnezeule! E un miracol! Soacra mea și-a revenit. A revenit în sânul familiei iubite, e în deplinătatea facultăților mintale... Oare?

-Dacă și tu te consideri printre cei pe care îi iubesc, în curând, vei fi dat afară!

-Crede-mă soacră dragă, aș vrea să fac ceva de dragul fericirii acestei familii, dar e păcat că reuniunea va avea loc tocmai la pușcărie.

-Gura! spune Elena și se apropie de mama ei.

-Tata a fost deja arestat pentru banii falși. Acum, mama va

ajunge în același loc pentru uciderea vecinului. Îmi pare rău că nu voi fi martor al acestei frumoase întâlniri, îi replică Grig și iese fredonând. Mamă, ce mi-e dat să văd! O casă de smintiți...

-Dacă vrei să mă întrebi cum mă simt, atunci îți răspund că, mă simt mai bine ca niciodată!

-Dar el are dreptate, e mai mult decât imposibil...

-E voința Domnului, fata mea.

-Acum că ți-a revenit memoria, trebuie să spui cum l-ai lovit cu mașina pe nenea Aurel Deleanu și cum l-ai accidentat pe tata și ai fugit de la fața locului. Of, Doamne!

-Nu, asta nu știu. Trecutul e foarte încețoșat. Probabil că am fost bolnavă la momentul respectiv.

-De Grig îți amintești?

-Destul cu întrebările, Elena! Acum trebuie să ne gândim numai la viitor. Și în primul rând, la tatăl tău. Trebuie să-l eliberăm.

-Cum puteam face asta?

-Asta trebuie să punem noi la cale, îi spune ea, dar face ochii mari când îl vede intrând pe ușă chiar pe soțul ei.

-Eu sunt!

-Dinule, bine ai venit!

-M-au lăsat liber... Nu există încă dovezi și clar că nu pot să fiu acuzat.

-Tată! îl îmbrățișează Elena.

Dinu își strânge la piept fiica și o privește lung pe Eva.

-Cine l-a ucis pe țigan, a falsificat și banii. O să fie prins în scurt timp. Un lucru este clar pentru mine...

-Nemernicul ăsta e în casa noastră și e capabil de orice, tată.

-Mi-e rușine de ce se întâmplă în familia mea. Necazurile tale sunt și ale mele, Elena.

-Să nu mai vorbim despre asta, tată.

-Bună ziua, tuturor! le spune Grig din prag. Ce încântare. O

familie fericită împreună...
   -Ce vrei?
   -Nu prea mult, tată socrule. Doar un minut din minunatul dumneavoastră timp.
   -Hai, spune ce ai de spus. Știi că nu am timp de pierdut și mai ales cu tine.
   -Da, ai dreptate... E o problemă de familie până la urmă. E vorba de zestrea soției mele, Elena.
   -Fii mai clar.
   -Sunt cât se poate de clar. Vorbesc românește, nu?
   -Despre zestre? ,l întreabă Elena.
   -Da, exact, despre zestrea ta este vorba soțioară. Nu trebuia să rămânem noi în casă iar mama ta să se mute cu Raul și cu Alina la București? Pot să spun că am fost înșelat. S-au adunat cam multe. Tata în pușcărie, mama va ajunge și ea. Îmi pare rău... Înțeleg... Sunt chiar de acord să primesc o anumită sumă de bani drept compensație.
   -Ce vorbești? Sunt uimit de nerușinarea ta, Grig.
   -Ok. Dă-mi banii și te vei simți mai bine, tată socrule.
   -E în interesul tău să fiu eu vinovat? Poate așa scapi.
   -Ce interesant! Vinovatul e liber... Am aflat-o și pe asta, se grăbește el și pleacă.
   -Tată, e minunat, sare de gâtul lui Elena și îl sărută.
   -Și eu cred că e mai bine aici.
   -Bine că te-ai întors, tată.
   -Dinu, asta înseamnă că nu mai ești acuzat de nimic?
   -Nu sunt acuzații, dar sunt suspiciuni, din cauza eforturilor lui Focșa. Voi fi arestat la domiciliu. Cred că investigațiile se vor termina în câteva zile.
   -Dar e vreo șansă să fii achitat?
   -Le-am dat cuvântul meu că nimeni din familia noastră nu are de a face cu banii falși.

-O, dragul meu... Mi-e teamă că asta nu e suficient pentru ei, oftează Eva.

-Dacă nu-mi cred cuvântul de onoare ...

-Vei merge la închisoare cu capul sus, cu mândrie?

-Exact ce gândeam și eu! Eva, acum poți gândi rezonabil, nu-i așa?

-Dinule, cred că am fost mereu o femeie întreagă la cap, nu? Dar ai dreptate, mă simt foarte bine. Încă nu îmi pot aminti chiar totul... Dar mă simt bine.

-E un miracol!

-Așa crede și „bărbatul meu"! le spune Elena.

-La naiba cu el! îi replică mama.

-Exact! nu trebuie să-l mai băgăm în seamă.

-Dar, oricât de tâmpit ar fi, Grig are totuși dreptate cu ceva. Mama nu a scăpat de acuzație, tată.

-Va apărea la Tribunal, dar Eva, voi face totul să te ajut. Îmi voi reînnoi toate legăturile mele vechi!

-Dar cum vei face asta, tată?

-Sunt sigur că problema asta, cu banii falși e o înscenare. Suntem înconjurați de răufăcători! Dar acum suntem împreună și nici diavolul nu ne poate speria! le ia el pe după mijloc pe amândouă.

-Chiar îi știu și numele, tată.

-Care este?

-Nemernicul de Grig, răspunde fără ezitare Elena.

-Acum, când suntem împreună, teferi, trebuie să ne gândim cum ne putem salva familia.

-Mai întâi, trebuie să-ți schimbi hainele tată. Miroși de la distanță.

-Scuze, nu m-am gândit la asta. Mă întorc într-o clipă!

-Bine, tată.

-Tatăl tău este atât de bucuros că s-a întors acasă și vrea așa

de mult să readucă pacea în familia noastră!
-Da, mamă.
-Aș vrea să fii și tu fericită...
-Ce vorbă mare! Tata nu a fost cu noi mult timp și nu a putut vedea unele lucruri pe care le-ai făcut, mamă.
-Elena, cum poți fi așa de neiertătoare?! Da, probabil am făut niște greșeli, dar...
-Boala ta, refacerea miraculoasă, sunt urme ale greșelilor din trecut!
-Dar nu e prea târziu să le corectez! De exemplu, căsătoria!
-Și apoi?
-E ceva inexplicabil la tine. Uneori mă sperii, fatițo! Ești așa hotărâtă!
-Am cu cine semăna.
-Nu știu ce să zic...
-Deși, mamă, nu mi-ai răspuns la întrebare.
-Divorțezi... Apoi, poți face orice vrei tu. Ești adultă, nu?
-Sper să nu uiți ce ai spus! Altfel, o să-i cer lui Dan să te închidă!
Cuvintele rostite de fiica ei o fac pe Eva să se ridice din fotoliu și râzând iese din sufragerie.

* *

Seara, când se îndreaptă spre casă, Dan Mezei îl întâlnește pe Grig, care îl întreabă curios:
-Ce se mai aude domnule inspector?
-Chiar vrei să știi? Ce să se audă? Vina domnului Dinu Crișan, nu a fost dovedită.
-Nu?! Dar trebuie dovedită...
-Și eu vreau adevărul!
-Să nu mai pui piciorul în casa noastră, îi spune el nemulțumit

că socrul lui e pe cale să scape basma curată. Ai auzit, inspectore?

* *

După discuția cu soțul ei și cu părinții, Elena este sigură că numai Grig poartă toată vina în ceea ce s-a întâmplat cu banii falși.

A doua zi, găsind cheia ascunsă în buzunarul unui sacou de-al soțului ei, Elena, împreună cu Dan intră în casa măștenită de Grig de la bunici. Mizeria care domnea peste tot o surprinde. Era pentru prima dată când intra în casa soțului ei.

-Doamne, ce mizerie! Uite, un șobolan... Bine că sunt cu tine, altfel cred că aș fi leșinat.

-Nu băga în seamă ce vezi în jur. Principalul e să găsim ceea ce căutăm. Uite, se apleacă Dan și ridică de jos, de lângă soba de teracotă o bandă de hârtie, cu care era sigur că au fost înfășurați niște bani. Asta e prima dovadă că banii falși sunt ai lui Grig îi spune Elenei.

Se apleacă apoi și deschide ușa de la sobă, unde dă de un plic gol.

-Exact ce trebuia să dovedim, îi arată el Elenei plicul. Le vom spune de locul ăsta, de milioanele care au putut fi ținute aici, și toate false. Ce ticălos! Păcat că nu am găsit locul ăsta mai devreme, ar fi putut fi evitate multe lucruri rele.

-Ai mai fost aici?

-Trebuie să mărturisesc că sunt într-o misiune secretă. Sunt sigur că arestarea lui va avea loc în curând. E vorba despre banii falși. Se pare că i-a folosit ca s-o pedepsească pe mama ta. Urmează acum țiganul.

-I-am luat o dată broșa de aur, dar acum este iar la el.

-Broșa e o dovadă foarte importantă. Țiganul știa despre banii falși și el avea broșa înainte să moară. Elena, tu ești un

mare pericol pentru Grig și ar trebui să fii foarte atentă.
-Nu mi-e teamă de el.
-Nu înțelegi în ce joc ai intrat?
-Înțeleg și n-o să renunț. Viața mea depinde de asta. Cazul ăsta mă îngrijorează mai mult decât oricine altcineva.
-Totuși, te sfătuiesc să stai cât mai departe de Grig. Eu știu ce spun...
-Dar cum? E soțul meu. Dar dacă îmi spui tu asta, o să mă mai gândesc.
-Da, te rog să nu te amesteci.
-Am reușit să aflu ceva despre Grig. Dacă mă amestec...
-Stai! Spune-mi totul.
-Grig vorbea cu un bărbat. Vorbeau despre niște bani. Te interesează asta? Când m-a văzut și-a dat seama că am auzit totul și s-a speriat.
-Descrie-mi-l pe bărbatul ăla. Poți?
-Sigur că da. L-am văzut ieri în cârciumă. Pot să ți-l arăt dacă vrei. Vine des și bea până adoarme cu capul pe masă.
-Bine. Hai să mergem chiar acum la cârciumă, dar cu o condiție...
-Care?
-N-o să te îndepărtezi de mine și o să faci numai ceea ce îți spun eu.
-Bine.
-Și, te rog, Elena, nu te da în spectacol ca ieri. Ești de acord cu propunerea mea?
-Da.

* *

Eva intră în biroul lui Dinu și îl găsește privind o fotografie pe care și-au făcut-o toți, cu câțiva ani în urmă.
-Uite ce poză frumoasă! Copiii cresc așa de repede! îi spune

el și oftează. Sunt deja adulți.
-Da, și noi nu mai suntem tineri.
-Mă bucur că ți-ai revenit. Împreună putem muta munții!
-Mi-ar plăcea să cred asta!
-Iartă-mă, Eva, nu-mi pot găsi liniștea! Infidelitatea mea... A fost așa o povară...
-Da, a fost o prostie să vreau să te omor.
-Slavă Domnului, că ai ratat!
-Nu-ți poți închipui cât am suferit!
-Te cred! îi spune el și o îmbrățișează.
-Ce se întâmplă acum cu femeia aia? vrea să știe Eva și îl cuprinde de mijloc, privindu-l în ochi.
-Nu știu, nu vreau să mă mai gândesc la ea! Nu mă voi mai întâlni niciodată cu ea. Acum mă voi ocupa de ticălosul ăsta de Grig. Totul va fi cum era înainte scumpa mea.
-Nimeni nu mi-a mai spus așa de mult, îl mângâie ea, și ochii i se umplu de lacrimi. Nu vreau să ajungem la proces. E clar că banii au fost ai lui Grig. Acum nu trebuie decât să-l dăm de gol pe ticălosul ăsta.
-Mă ocup eu de tot, îi spune Felix. Tu ar trebui să ai grijă de copii, și mai ales de Elena.
-Da, acum e greu pentru ea. Are nevoie de sprijinul nostru. Totdeauna ai fost un tată minunat, Dinule!
-Nu întotdeauna. Niciodată nu mă voi ierta pentru timpul petrecut departe de voi.
-Am fost o proastă. Gelozia m-a înnebunit, îi spune Eva și se așează amândoi pe canapea.
-Uită! Totul ține de trecut.
-Trecut? Chiar așa?
-Da.
-Ce simți pentru femeia aia?! sare ea ca arsă.
-Totul de domeniul trecutului, draga mea. Nu vreau să-mi

mai amintesc nimic.

-Bine ar fi, dar...

-Crede-mă, te rog! În ziua aceea groaznică, m-am întâlnit cu ea...

-Nu vreau să aud nimic despre asta!

-N-a fost o întâlnire, ci o despărțire. Am vrut să-i spun despre asta, dar n-am avut timp că ai dat tu peste mine cu mașina. Nu v-aș fi părăsit niciodată pe tine și pe copii. Da, din păcate, nebunia aia a atras o tragedie.

-Nebunie? Vrei să spui că toate prin câte am trecut au fost doar din cauza nebuniei tale?

-Iartă-mă! Iartă-mă și hai să uităm toată nebunia asta. Trebuie să ne gândim cum să scăpăm de închisoare.

-Îți mulțumesc că ai luat vina asupra ta, schimbă ea placa. Întotdeauna ai fost atât de iubitor, un tată bun și un soț deosebit dragul meu.

-Ești soția mea. N-aș fi putut să fac altfel. Te iubesc. Să nu mai răscolim trecutul. Pe viitor, n-o să-ți mai dau niciodată vreun motiv să fii geloasă.

-Sper! Dar...ce-ai găsit la amărâta aia? nu se abține ea și îl întreabă.

Felix oftează, se așează în genunchi în fața ei și îi ia mâinile între mâinile lui.

-Draga mea, să nu mai vorbim despre asta, îi spune el privind-o în ochi, apoi se apleacă și îi sărută mâna.

-Nici eu nu am vrut să vorbesc, dar nu înțeleg de ce o aperi așa? Eu, ca o femeie credincioasă am încercat să-mi recapăt soțul, dar ea?

-Era altfel.

-Și eu, dar din cauza ta am devenit... tu m-ai făcut să...

-Da, așa e. După nunta noastră erai o soție iubitoare, dar apoi a început să-mi lipsească tot mai mult Eva mea, sensibilitatea și bunătatea ei.

Încântată de ceea ce-i aud urechile, ca să nu observe că zâmbește, ea se ridică și se îndreaptă spre fereastră, dar se întoarce brusc:

-Și toate astea din cauza unei ticăloase. Nu mi-ai mai dat atenție după ce ai găsit-o pe curva aia.

-Pentru că nu aveam destulă pace și liniște acasă draga mea. Mă auzi?

-Și ai găsit pacea în brațele acelei nerușinate?

-Nu vorbi despre ea așa! Mara era blândă și iubitoare! Ceea ce nu puteam să spun despre tine. Iartă-mă că îți spun adevărul. După ce s-au născut copiii, ai devenit prea dominatoare și nu te gândeai decât la bani.

-Da! Îmi făceam griji pentru copiii noștri... În legătură cu viitorul lor... În timp ce tu te distrai cu nesprăvita aia.

-Dacă îți făceai griji pentru copii, așa cum spui, n-ai fi îndrăznit să mă ucizi. M-ai lăsat acolo și ea m-a salvat. A avut mare grijă de mine, nu am ce zice...

-Tu m-ai împins la disperare. Mult timp am ascuns de ei că tatăl lor trăiește cu o nemernică.

-Pentru binele Elenei l-ai ucis pe nevionovatul meu prieten? Și tot pentru binele ei ai măritat-o cu nemernicul ăsta de Grig Focșa?

-Prieten nevinovat?! Și sub al cui acoperiș îți făceai de cap cu târfa aia de Mara?

-Eva, de ce vorbești iar despre asta? Haide să ne iertăm. Te rog...

-Ți-ai amintit de familia ta? Unde ai fost? Și dacă Elena nu te găsea? Ai mai fi stat încă ascuns cu aia...

-Bine. Nu vrei să mă ajuți să-l băgăm pe Grig după gratii? Nu vrei să încetezi cu suferința Elenei?

-Ba da, dar n-am încredere în tine deloc. O să fac totul

singură, să știi!.
-Tu trebuie să fii alături de copii.
-O să mă răzbun pe Grig pentru tot.
-Nu, Eva! Te rog nu te mai răzbuna pe nimeni. Câți oameni mai trebuie să moară ca să uiți cuvântul ăla? Am spus prea multe. Crede-mă! Trebuie să ne liniștim. Amândoi suntem prea agitați.
-N-am nevoie de ajutorul nimănui. M-am obișnuit să am grijă singură de tot, fără ajutorul soțului meu.
-Aveam sentimentul că relația noastră s-a îmbunătățit.
-Și eu credeam asta. Dar văd că tu nici măcar nu te simți vinovat.
-Fii atentă la ceea ce spui, Eva. Dacă te-ar auzi cineva ce vorbești ar trage concluzia că toate problemele noastre sunt cauzate de mine.
-Ce tot spui?! Ești gata să intri la închisoare doar ca să pari un martir?! N-am încredere în tine, înțelegi? îi spune ea și deschide ușa.

Înainte de a ieși însă, se oprește în prag și se întoarce spre Dinu:
-Și nimeni n-o să mă împiedice să-l distrug pe Grig, îi spune ea și trântește ușa.

* *

Așa cum s-au înțeles, Elena și Dan intră în cârciumă să i-l arate pe cel cu care Grig a stat de vorbă despre niște bani, care ar fi trebuit să ajungă neapărat la cineva.
-Uite-l! i-l arată ea din prag.
-Mai bine du-te acasă și așteaptă-mă acolo Elena.
-Hai că ești culmea! Și eu vreau să aflu...
-Ai promis că mă asculți.
Ea se preface că iese din cârciumă, dar se furișează prin

spatele lui Dan și se așează la o masă de lângă perete, astfel ca să poată auzi și vedea tot ce se întâmplă la masa spre care se îndrepta el.
 -Te-a plătit Focșa? Da sau nu?
 -M-a plătit pe dracu'. Am băut și ultimul ban pe care îl am de durere. N-am văzut un ban de la el din toamnă.
 -Și de ce nu pleci?
 -În primăvara asta, m-am hotărât și mă duc cioban în alt județ, cu niște cunoscuți.
 -N-o să se înfurie Focșa?
 -Focșa! Aici nu mai are nimic. A vândut tot din casă. Umblă șobolanii peste tot.
 -Și animalele de care aveai tu grijă, unde le ține. Știi?
 -A, animalele? Păi animalele, alea nu, nu sunt aici, sunt... încearcă el să-i explice, dar i se încurcă limba în gură de amețit ce era.
 -Unde sunt? insistă inspectorul.
 -Lasă-mă, omule! Nu vezi că sunt obosit?
 -Uite, îți fac cinste, îi spune Dan și pune pe masă o bancnotă de o sută de mii. E grea slujba ta? Ce e greu?
 Omul bolborosește ceva, dar Dan nu înțelege.
 -Stăpânul tău are multe datorii, de asta nu te plătește nici pe tine.
 -Mă plătea, dar acum se pare că treburile merg prost. Din moment ce n-a mai trimis nici un ban acolo...
 -Unde „acolo"?
 -N-ar trebui să-ți spun. Acasă l-a nrvastă și la copii. Am fost acolo de multe ori e destul de departe, un sat acolo în munți la...
 Inspectorul nitează totul și îi face semn barmanului să-i mai aducă o cană cu vin și o vede pe Elena la masa de lângă perete, jucând cărți cu trei bețivi. Cu degetul, ca să nu fie observat, el îi face semn, nemulțumit că nu l-a ascultat. Între timp, barmanul

aduce cana cu vin, pe care Dan i-o dă ciobanului și după ce află ceea ce dorea se ridică de la masă.

-De ce prcedezi astfel? Te-am rugat să mă aștepți acasă, Elena, îi spune el supărat.

-Dar mi s-a părut că nu te vei descurca fără mine. Hai, nu te supăra...

-Ești prea... De data asta, uite că m-am descurcat fără ajutorul tău.

-Ai aflat ceva important? îl întreabă ea.

-Grig nu l-a plătit pe omul acela de la masă, dar asta e nimic. Are datorii mult mai mari pe care trebuie să le plătească în fiecare lună, să trimită bani acasă, are nevastă și copii.

-Cel mai bun motiv de divorț. Bigamie! Ce excroc! Și de ce nu le plătește?

-Da, cu bigamia nu-ți mai trebuie nici martori. Mergem în localitatea respectivă și depunem la dosar principala probă, dovadă că e căsătorit cu altă femeie și are și copii. Nu știu ce datorii mai are, dar din discuția cu omul lui, mi-am dat seama că e ceva foarte important pentru el. Știi ce înseamnă asta? Înseamnă că îl putem prinde cu mâța în sac.

-Și deja ai decis cum? A, știu, broșa!

-Exact! Grig are nevoie de bani. Și are ceva de mare preț. O să-l prindem când va încerca să vândă broșa aceea.

-De acord cu tine. Și cum ne vom da seama când și cui o va vinde?

-Am câteva idei în privința asta.

Elena îl privește întrebător.

-Cred că știi mai multe, dar îmi ascunzi totul.

-Nu-ți mai face atâtea griji! Bine că problema ta e rezolvată. Acum poți să fii liniștită, ai scăpat de el.

-E nedrept! Credeam că facem ceva împreună, Dane, dar tu ai secrete.

-N-ar trebui să te amesteci în aşa ceva. Eşti un martor mult prea periculos, încearcă să înţelegi. Grig e un criminal!

-Dar tu uiţi că sunt căsătorită cu ucigaşul ăsta şi că eu te-am ajutat să găseşti omul potrivit la noi la cârciumă...

-E greu să reziste omul la presiunile tale. Bine... Cedez... Ascultă! N-am cum să dovedesc deocamdată vinovăţia lui. Trebuie să ai răbdare.

* *

Deşi Dinu a rugat-o să nu facă nimic pe cont propriu, Eva intră pe furiş în camera lui Grig şi începe să caute printre lucrurile acestuia, în speranţa că va găsi vreo urmă care să-l incrimineze pe „scumpul" ei ginere. Surprins că o găseşte aici, Dinu îşi arată nemulţumirea, dar ea se revoltă:

-Una spunem şi alta facem. Of, Eva...

-Deci, crezi că sunt nebună? Şi cine m-a îmbolnăvit?

-Iartă-mă! Nu asta am vrut să spun, dar să cauţi în camera lui! Nu e prost, şi-a acoperit urmele. Vino, îi spune el, şi după ce o prinde de mână, intră amândoi în bibliotecă.

-Dar nici nu putem sta cu mâinile în sân, Dinule, se justifică Eva.

-Potoleşte-te... Ştiu cum să dovedesc că el este falsificatorul şi voi face totul fără ajutorul tău. Nu vreau ca tu să fii implicată în povestea asta urâtă. Mă înţelegi?

-Mă dai deoparte că aşa îţi convine...

-Ascultă femeie... stai, odihneşte-te, citeşte ceva, te va ajuta mai mult, îi spune el şi după ce îi dă o carte, iese din bibliotecă.

Nervoasă, Eva se aşează pe scaun şi deschide cartea, dar se încruntă când vede despre ce este vorba:

-Viaţa sfinţilor... Ha, ha, ha... Nu mă cunoşti deloc, bărbate! spune ea răspicat şi trânteşte cartea pe masă.

* *

    Pentru moment, Elena îl ascultă pe Dan și se retrage în camera ei.
    Grig intră pe furiș fără să știe că ea este acolo. Când îl vede, Elena se preface că se bucură și îi zâmbește.
    -Elenușa, ce-i cu tine?
    -Te așteptam.
    -Pe mine?
    -Dar pe cine? Nu te bucuri?
    -Nu-mi vine să cred, dar mă bucur! Sunt chiar fericit! Cămașa asta de noapte, e o mătase atât de fină, îi spune el și se apropie de ea. Ochii tăi sunt atât de adânci... Ahh, te poți îneca în ei... Dar ce e dincolo de cuvinte, șoptește el și o strânge la piept.
    Elena simte că se sufocă și pielea i se face ca de găină, dar ca să-și atingă scopul se lasă îmbrățișată de el și îi spune:
    -Mie mi-e greu să vorbesc. Viața mea a devenit goală.
    -Vreau un copil, o fată și vreau să semene cu tine, îi șoptește el și îi sărută mâna până la cot. Elenușa, știi bine cum se fac copiii, îi spune el și începe să se descheie la nasturii de la sacou.
    -Grig... sare ea la gâtul lui.
    -Fetița și-a ales deja fericitul tată!
    -Fericitul soț ar trebui să fie fericitul tată.
    -Eu sunt soțul tău, o îmbrățișează el. Ce victorie! Am așteptat atâta... gâfâie el și aruncă sacoul pe scaun.
    -Îmi pare rău că până acum m-am opus... Ești așa de puternic, de excitant...
    -Așa de puternic! Deci vrei o fată! Și care să semene cu mine... ahhh, te doresc...
    -Cu ce ți-ai dat pe mustață?
    -Cu apă de colonie franțuzească, îi spune el ferm convins că

mirosul a dat-o gata pe Elena. Amintirea luxului care nu mai este iubito...

-Grig, nu suport mirosul de liliac amestecat cu tutun, îi spune ea și se îndepărtează de el. N-ai putea să...

-Pentru tine, fac orice. Fac un duș și... Într-un minut sunt gata, îi spune el și intră în baie.

Cum îl vede ieșind, Elena începe să caute repede prin toate buzunarele de la sacou, dar nu găsește nimic.

Grig se întoarce și o surprinde cu haina în mână.

-Mă iei drept prost! Ce naivitate! Ce cauți, țipă el la ea și îi smulge haina din mână.

-Pleacă! Trebuie să mă îmbrac, îi spune Elena, nemulțumită că planul ei nu a reușit.

-Aveam o părere mai bună despre tine. Ce căutai prin buzunarele mele?

-Broșa.

-Care broșă?

-Cea pe care ai furat-o. Pe care o avea țiganul.

-M-am săturat de prostiile astea!

-Ăsta e adevărul! Ești un hoț și un ucigaș. Nu ridica tonul la mine!

-Îmi pare rău, fetițo, dar mă acuzi de lucruri așa de cumplite și nu pot accepta...

-O să am grijă să fii pedepsit pentru asta, canalie! îl amenință ea și își încheie repede nasturii de la bluză.

-Cine o va crede pe una ca tine care bea în tavernă cu toți bețivii? Și care mai și cântă cu ei și joacă ... Tu nu ești o doamnă! Tu ești o...

-Afară! îi replică ea și se îndreaptă spre sufragerie.

-Elenușa! se ține Grig ca scaiul de ea.

-Ce-i gălăgia asta? Pot să intru?

-Da, desigur, intră, Dan.

-Îmi cer scuze... Vă deranjez?

-Cum să-ți spun... Îmi cer scuze pentru zgomot, dar soția mea nu se mai poate controla. Dar știi cum se spune, zgomotele îndrăgostiților nu supără, zâmbește el și își răsucește mustața. O să fiu prin preajmă... mai adaugă și străbate grăbit holul spre ieșire.

-Ce zi frumoasă! Cu ce te pot ajuta, Grig, îl întreabă Alina, care împreună cu fratele ei ies din bucătărie.

-Frații Deac, ce frumos! Draga mea cumnată, să știi că surorii tale nu i-a plăcut parfumul și mă gândeam să împrumut niște bani ca să-mi cumpăr altul. Asta vreau...

Când îl aude ce spune, Alina face ochii mari, pentru că știe că Elena nici măcar nu-l lasă să se apropie de ea pe Grig.

-Prefer parfumurile florale. Astea te fac mai...

-Ascultă, cumnate, de muncit nu-ți place să muncești... Știi ce Grig? Faci o listă de necesități pentru fiecare lună. O să-ți dau bani pentru ce cred eu că e necesar, îi spune Raul. Să ceri bani pentru nimicuri... E vulgar și enervant, nu?

-Ai dreptate!

-Fă o listă, o să le cumpăr și ți le voi da.

-Auzi unde am ajuns! Blestemată fie ziua în care am cerut-o de nevastă pe sora ta.

-Sunt de acord!

-Aici nu e o familie, e un cuib de viespi! Tata e un falsificator și un adulterin, vai de voi și de zilele voastre...

-Grig!

-Ar fi bine să vorbești cu sora ta. Purtarea ei dezonorează familia.

-Nu ai dreptul s-o condamni! îi spune Raul.

-Sora ta este o sălbatică! Trebuie să fie ținută în lesă!

-Ce vorbești, mă?! îl îmbrâncește Raul. Dacă nu taci, dacă mai rostești o vorbă, nu răspund de actele mele și... Tu ar trebui să fii închis într-o cuşcă!

-Raul, sunt convins că tu nu ştii nimic despre reprizele de beţie ale Elenei, de acolo din cârciumă, continuă el.

Supărat, Raul deschide uşa şi îl îmbrânceşte pe scări afară.

* *

Elena, regretă că nu l-a pălmuit în loc să se lase îmbrăţişată de Grig..

-Nu, Elena. O palmă nu înseamnă nimic pentru el. O să-l pedepsim altfel, o asigură Dan.

-N-am ascultat şi am încercat să fac ceva singură. Am încercat să-l seduc, doar ca să caut prin buzunarele lui.

-Ca să găseşti broşa?

-Da, dar el s-a întors prea repede şi m-a surprins cu haina în mână.

-Mă uimeşti... Ca să obţii ce vrei poţi să-l seduci pe porcul ăla?

-N-a fost plăcut... Dar acum e mult mai atent... Probabil că a ascuns bine broşa. Cred că am stricat totul.

-Dimpotrivă, Grig şi-a dat seama că broşa e o dovadă importantă. Va încerca să scape de ea cât mai repede. Oamenii greşesc când spun că femeile frumoase sunt proaste. Aş putea să-ţi ţin şi o predică. Spune-mi despre planurile tale.

-Vreau să-ţi întorc complimentul. Mă bucur că eşti prieten cu fratele meu. Nu numai că mă lauzi, ci şi pentru că eşti altfel. Îmi pari un om interesant, domnule poliţist.

-Şi tu eşti interesantă... Nu ştiu la ce să mă aştept din partea ta... Elena zâmbeşte şi nu-i dă nici un răspuns.

* *

La rândul lui, Dan, caută să-şi pună în aplicare planul şi îl cheamă la el pe Raul.

-Tu și Celia vă căsătoriți și din câte știu, pentru asta aveți nevoie de verighete.

-Măi, ce le știi!

-Nu mă lua peste picior că e ceva serios.

-Vai de mine, domnule polițist, dar cine face glume de prost gust!

-Ca să vă faceți verighete trebuie să contactați un bijutier, nu?

-Exact.

-Cumnatul tău, Grig nu trebuie să știe nimic.

-Nu, dar iartă-mă, ce legătură are tâmpitul ăla cu verighetele noastre, Dane?!

-Raul, pe cine vrem să prindem în cursă?

-Bine... Nu m-am gândit la asta. Continuă...

-Grig va încerca să vândă broșa furată de la țigan cât mai repede.

-Da. Se poate... Ai dreptate... La un bijutier. Și dacă Grig va fi mai șmecher ca noi? Dacă va încerca să scape de broșă altfel?

-Cum? Nimeni nu-i va da pe broșă o sumă mai mare ca un bijutier. Și cu siguranță el nu va îndrăzni să apeleze la cei din zonă.

-Bine, dar dacă va decide să păstreze broșa deocamdată?

-Nu, are mare nevoie de bani. Omul lui mi-a spus că trebuie să plătească pe cineva în fiecare lună. Și deja are restanță. Luna trecută nu a dat banii și stă ca pe spini.

-Poate fi un plan bun. Grig ar putea fi prins.

-De aceea nu trebuie să-i dai niciun ban dacă-ți cere cumva. M-ai înțeles, Raul? Nevoia de bani îl va face să vândă broșa și așa îl vom prinde!

-Excelent! O să fac cum spui.

-Știam că mă vei înțelege.

-Tata e acuzat că a încercat să folosească bani falşi. Grig e de vină pentru toate!

-Putem să-l prindem şi tatăl tău nu va mai fi acuzat. Tu trebuie numai să spui că vrei să cumperi verighete, că ai nevoie de aur şi să dai o raită pe la toate bijuteriile din zonă. Apoi, te întorci acasă şi în prezenţa lui te plângi că nu ai găsit ceea ce doreai şi că te-ai gândit că ar fi bine să chemi acasă un bijutier ca viitoarea ta soţie şi surorile tale să aleagă din modelele prezentate de el.

* *

Zis şi făcut. Raul îl cheamă acasă pe un bijutier vestit din Sibiu, pe care îl cunoştea şi care se prezintă în ziua fixată.

-Arată-ne ce ai aici, îi spune el. Celia, uită-te cu atenţie şi alege ce-ţi place. Cheamă-le pe Elena şi pe Alina să-şi aleagă şi ele ceva. Bijutierul începe să-şi etaleze obectele strălucitoare.

-Unde e Grig, îl întreabă Raul pe Dan care intră în sufragerie împreună cu Elena.

-Nu e nicăieri!

-La dracu! Atunci când nu ai nevoie de el e tot pe aici şi acum a dispărut!

-Verighete... le arată bijutierul.

-Nu, mulţumesc, le avem pe cele de familie, îi spune Celia! Să vedem altceva.

-A dispărut, îi şopteşte Elena lui Dan.

-Se pare că preţiosul tău cumnat şi-a pus în cap să ciocnească un pahar, îi spune Dan lui Raul.

-Măi să fie! O să-l găsim imediat! Elena, reţine-l pe bijutier până ne întoarcem. Şi tu Celia şi tu Alina, puteţi să vă alegeţi ceva. Plătesc eu.

-Mulţumesc, Raul, îi spune Alina bucuroasă.

* *

În cârciumă intră Nae și se apropie de masa la care stă Grig posomorât.
 -De ce m-ai chemat?
 -Uite, o recunoști? îi arată el broșa.
 -Broșa... se miră Nae când o vede.
 -Broșa sau ce, ți-ai pierdut memoria?
 -De unde o ai?
 -Ce crezi că îți voi spune? Plătește și ia-o, cât ți-o ofer.
 -Vrei să mă păcălești iar? Faci la fel ca și cu banii falși?
 -Măi, Nae...
 -Vrei să mă păcălești, Grig, dar n-o voi cumpăra! E pătată cu sânge!
 -Bine, eu nu te-am văzut, tu nu m-ai văzut! Și dacă vorbești prea mult, voi găsi o cale să te reduc la tăcere! îl amenință Grig.
 În cârciumă își fac apariția Raul și Dan.
 -Tinerii au sosit, Nae. Cred că te caută.
 -Eu mă descurc perfect și fără compania lor.
 -Nu nesocoti tinerii Nae, ei sunt copii buni.
 -Îmi pare rău, domnule Grig, dar am plecat.
 -Și omleta? îi amintește Grig.
 -Cu ce să vă servesc? i se adresează barmanul lui Raul și lui Dan.
 -Adu-ne câte un cognac! răspunde Raul și se așează amândoi la masa de lângă cea la care s-a așezat Grig.
 -Ai auzit veștile? îl întreabă Dan pe Raul, astfel ca și Grig să audă. Dănilă va fi trimis la închisoare.
 -Așa-i trebuie. Și-a bătut joc de țiganii care cântă și dansează și nu fac nimic rău. La naiba, am uitat! Dane, a venit bijutierul ca să-i fac un cadou de nuntă Celiei!
 -Nu te grăbi, mâncăm și bem ceva, apoi mergem. Bijutierul tău nu va pleca nicăieri.
 -Din nefericire, domnilor, trebuie să vă părăsesc... se ridică

Grig de la masă. Am stat prea mult. E timpul să plec!
-Se pare că peștele a mușcat momeala! îl șopteșe Dan lui Raul.

* *

Dinu o vede pe soția lui ieșind pe furiș din camera pe care o ocupă ginerele său și o prinde de mână.
-Eva, așteaptă! îi spune el.
-Dumnezeule! Ce e dragă?! M-ai speriat!
-Ce făceai iar în camera lui Grig?
-Camera ticălosului ăluia? Mă faci să râd, dragă! Asta e casa noastră și pot intra în ce cameră vreau. Mă spionezi?
-Nu. Vreau doar să știu ce făceai acolo?
-Căutam bani falși, dar prețiosul nostru ginere nu are nimic. Nici bani falși, nici buni. Mă voi ocupa eu de asta!
-Eva, mă faci să râd. De ce nu ai făcut-o oare până acum? Stai, unde te duci?
-Acasă la Grig! Tot am găsit eu ceva. Am găsit cheile. Voi verifica totul cu mâna mea.
-Raul și Dan au fost deja acolo.
-Cum adică, au fost acolo?! se enervează ea. De ce nu mi-au spus? De ce-mi ascundeți totul?
-De ce vrei să-ți spună tot? Tu ești o doamnă. Lasă bărbații, ei trebuie să facă...
-Poți să-i vorbești așa Marei, nu mie...
-Știi ce, ia stai tu închisă o vreme! Hai, Eva, odihnește-te un pic, îi spune el și după ce o împinge în bibliotecă, închide ușa și răsucește cheia în broască.
-Ce faci, Dinule? Ai înebunit? Deschide ușa! Deschide!

* *

În sufragerie, Celia și surorile Crișan, încântate de atâta strălucire, admiră bijuteriile.

-Doamnele mele, trebuie să plec. Am multe lucruri prețioase și drumul până la Sibiu e destul de lung. Zilele de toamnă sunt scurte și nu vreau să mă prindă noaptea, le spune bijutierul.

-Numai puțin, vă rog. Nu v-am plătit încă... Logodnicul meu se întoarce repede.

-Nu vă faceți griji. Vă cunosc familia de multă vreme. Puteți să-mi plătiți mai târziu.

-Bine, dar soțul meu se va supăra dacă nu vă găsește aici, încearcă Elena să îl rețină.

-Îmi pare rău, dar...

-Mie îmi place inelul acesta, le arată Alina.

-Raul îl va plăti? o întreabă Elena.

-Sigur, a promis! Sunt așa de fericită!

În timp ce Elena se îndreaptă spre ieșire ca să-l cheme pe fratele ei, Grig intră val vârtej și o lovește cu ușa.

-Ho! Cu grijă, ingerul meu, nu-ți răni aripile!

-A sosit și soțul meu, Grig Focșa, i-l prezintă ea bijutierului. Inelul meu îl va plăti el, da iubitule?

-Încântat de cunoștință, întinde bijutierul mâna.

-Vă vom lăsa acum... spune Elena și le face semn celor două s-o urmeze, astfel ca Grig să rămână singur cu bijutierul. Noi abia așteptăm să ne punem bijuteriile. Nu-i așa fetelor?

În hol, fetele se întâlnesc cu Raul și cu Dan care au urcat în grabă scara ce duce din cârciumă în locuință.

-Cum e, Elena? o întreabă nerăbdător Raul.

-Liniște! Ne-am ales fiecare câte o bijuterie. Grig e înăuntru cu bijutierul. Eu zic să aveți răbdare până va ieși el.

Nu trec decât vreo câteva minute și Grig iese din sufragerie. Prin ușa întredeschisă Elena îl vede cum privește în stânga și în dreapta, apoi coboară scările spre cârciumă.

Urmat de Raul și de Elena, Dan intră în sufragerie și se apropie de bijutier.

-Ne cunoaștem de mult timp și sper că întrebarea mea nu vi se va părea ciudată.

-Sigur, întreabă-mă orice vrei, Raul.

-Domnul Grig Focșa v-a vândut ceva?

-Mi-a oferit o pereche de butoni cu safire. Dar eu nu vând bijuterii pentru bărbați. Respectele mele, le spune el și după ce își ia valiza se îndreaptă spre ușă.

-Nu pot să cred! Ne înșeală, ne joacă pe degete! se revoltă Elena.

-Mai și râde de noi! se enervează Raul.

-Ne-a rămas o singură cale... le spune Dan.

* *

După ce-și termină treaba la secția de poliție, Dan se întoarce.

-Am vești. A fost pronunțat verdictul în cazul uciderii țiganului. Biata Flora, e la închisoare, îi spune el Elenei.

-Dar e o greșeală! Grig trebuie să meargă la închisoare! Femeia aia amărâtă nu are nicio vină.

-Am o idee, trebuie să mă ajuți.

-Sunt gata, îi spune ea.

-Trebuie să-ți spun Elena dinainte. E periculos, și, cum să zic, ilegal...

-Trebuie să ignori legile Domnului, ceea ce e mai grav decât încălcarea legilor omenești.

* *

Când ajunge la ușă, Eva nu o poate deschide. Mai încearcă o dată și își dă seama că Dinu chiar a închis-o în bibliotecă, nu a fost o glumă. Începe să țipe și să bată cu pumnii în ușă, cerând să fie scoasă de acolo, dar nimeni nu aude. Mai stă liniștită o vreme și bate din nou.

-Soacra mea dragă, ce se întâmplă? o întreabă Grig care se oprește în fața ușii neștiind ce se petrece cu ea.

-Grig, dragă, fii te rog bun!

-Sunt la dispoziția dumneavoastră stimabilă!

-Deschide ușa, te rog.

-Ce s-a întâmplat? o întreabă el și își răsucește mustața de bucurie, dându-și seama că fără ajutorul lui ea nu poate ieși.

-S-a blocat ușa, Grig, minte Eva.

-Da! Și eu care credeam că te-a închis cineva.

-Nu, cum poți crede asta?

-Ușa nu se poate încuia singură. Elena a făcut vreo glumă sau fiul tău favorit sau...

-Oprește-te din ghicit și deschide.

-A, da! S-ar putea să fie el... Cine altcineva ar putea încuia o femeie așa frumoasă și de inteligentă? îi spune el de dincolo de ușă.

-E greu să răsucești cheia? De două ori.

-Te iubesc din inimă draga mea soacră, dar nu pot risca să mă opun dorinței socrului meu.

-Chiar acum când noi vorbim, el încearcă să dovedească...

-Ce?

-Că tu ești falsificatorul banilor.

-Cum se poate? Voi ați fost acuzați nu eu.

-Așteaptă și vei vedea când te vor aresta pe tine, nătărăule... Dă-mi drumul sau...

-Nu te cred. Ha, ha... Ai încercat deja să sugerezi că suntem aliați.

-A fost de mult asta, Grig. Acum nu-mi mai pasă de tine, sunt îngrijorată pentru soțul meu.

-A început ceva periculos, nu va dovedi nimic, dar va intra în necaz.

Eva își lipește urechea de ușă, crezând că el a plecat.

-Grig, ești aici? întreabă ea și bate nerăbdătoare în ușă.

-Da. Sunt aici, sunt aici.

-Ajută-mă... Ți-e teamă de mine? îl întreabă ea cu glasul dulce.

-Nu, nici vorbă. Doar am făcut armata. Nu mă tem eu de o femeie. Mie nu mi-e teamă de nimeni. Mă apăr singur...

-Am auzit multe despre faptele tale, ai fost singur împotriva a trei bețivi când ai pierdut la poker... Eu sunt doar o femeie, ai dreptate. Nu am nici cuțit ca dumneata.

-Mai bine stai încuiată.

-Grig, nu pleca!

-Ce nehotărâtă ești! Mai bine spune-mi ce pune la cale soțul tău și-ți dau drumul.

-Nu pot țipa prin ușa încuiată. Deschide-o!

-Mută-te în cealaltă parte a camerei.

-Bine! îi spune ea și se îndepărtează de ușă. Gata, Grig, m-am dus...

El se apleacă scoate cheia și prin gaura cheii o vede în celălalt capăt al bibliotecii. Îi face zâmbind semn cu mâna și șoptește: „Pa!", apoi introduce încet cheia și deschide ușa. Din prag îi aruncă un zâmbet de învingător, apoi face un pas fără să închidă ușa.

-Vezi ce simplu a fost? Și ție ginerică dragă îți era frică, îi spune Eva râzând. Hai, intră, intră, dar mai întâi vezi dacă e cineva pe hol.

Credul, Grig se apleacă puțin și se uită în dreapta și în stânga, timp suficient ca Eva să pună mâna pe o sticlă de șampanie, lăsată pe masă.

-Nu e nimeni, mai reușește el să spună și se prăbușește sub

lovitură.

-Intrigantule! rostește ea cu ură și iese din bibliotecă.

* *

În casă era cald și bine, dar numai ce intră și se aud bătăi în poartă.

-Nae, ești aici? Deschide!

-Vin, vin acum! Poftiți vă rog înăuntru, domnule Crișan, îi spune el.

-Nu stau decât un minut. De ce minți, Nae? Mărturisește că ai bani falși de la Grig Focșa, îi spune Dinu.

-Și ce câștig dacă recunosc? Nu am nimic de câștigat.

-Vom vorbi și despre câștig.

-Atunci, banii mai întâi.

-De regulă eu știu că se plătește pentru minciuni, Nae, nu pentru adevăr.

-Mie nu îmi place să risc, nici dacă e adevăr, nici dacă e minciună.

-Dar deja riști! Adevărul va fi descoperit și asta înseamnă mărturie mincinoasă, Nae.

-Și unde-i adevărul?

-Ce-ar fi să te fac barmanul meu?

-Nu știu... M-am obișnuit cu vechiul loc de muncă, la domnul Emil, acolo unde muncesc de doi ani de când m-ați concediat și...

-Și dacă dublez salariul?

-Mă veți înșela, nu?

-Ai grijă ce spui!

-Bine, mă voi gândi.

-Nu întârzia cu răspunsul. Acum trebuie să plec, ne-am înțeles, da?

-Soția dumnitale și copiii? Cred că le-ați lipsit, nu?

-Pe tine te interesează afacerile. Nu trebuie să știi nimic despre familia mea, îi răspunde Dinu și iese grăbit pe ușă.

* *

Cu greu, Grig se ridică de jos, dar amețeala îl face să se așeze pe scaun.

„Ce prost am fost. De ce dracu' n-am lăsat-o închisă pe scorpia asta?" își spune el și își ridică cu greu brațul, după care își freacă gâtul și umărul lovit. Se ridică ușor de pe scaun și sprijinindu-se de perete ajunge în curte. Aici, tresare când îl vede pe ciobanul lui că intră pe poartă.

-Ce mama dracului cauți aici, prostule?! Unde trebuia să fii la ora asta? Ai înnebunit?

-Ă, ă... S-a stricat autobuzul.

-Ce ți-am spus eu?

-Nu sunt eu de vină domnule. Autobuzul!

-Ți-ai găsit unde să vii, la casa socrilor mei. Dispari! Să nu te văd! Du-te dracului și dă-mi geanta! îi spune el și îl împinge afară din curte.

„Aproape m-ai ucis nebuno!" se îndreaptă el cu greu de spate și se sprijină de perete în timp ce urcă cele trei trepte iar de pe terasă în camera lui.

Durerea de la umăr îl face pe Grig să nu mai suporte nici liniștea camerei. Se ridică și coboară în cârciumă, cu gândul de a se vindeca cu un păhărel de tărie. Din prag, observă că la masa din colț se află unul dintre partenerii lui de poker.

-Grig, ziua bună!

-Poate vrei să spui seara bună, tăntălăule! Nu vezi că afară e întuneric?

-Când am intrat eu, hâc... aici era ziuă și paharul m-a atras mai mult decât privitul pe fereastră, hâc...

-Nu ești prea beat, frate?
-Deloc! Cum aș putea fi?
-Am un comision pentru tine. Unul foarte important. Știi unde să-i duci? Îți amintești adresa?
-Cum aș putea s-o uit. Nu e prima oară.
-Vei lua mașina mea, va fi mai ușor.
-Și dumneata vei merge pe jos?
-Nu-ți face griji, mă voi descurca.
-Și ce vei spune celor de acasă? Ai plecat cu mașina și te duci pe jos...
-Nu e treaba ta, prostule! S-a defectat și am lăsat-o la Service. Hai, du-te! Ascunde bine geanta și să fii atent cum conduci! Mergi încet că ești cam amețit...
-Și... întinde el mâna în semn că mai vrea niște bani.
-Pleacă! îi spune Grig și îi strecoară în palmă o bancnotă de o sută de mii.
-Mulțam fain! Așa, da... zâmbește omul și se îndreaptă spre ușă.

* *

Cuțitul plin de sânge, care a fost găsit la fața locului, în urma expertizei efectuate aparținea femeii, adică Florei. Nu departe de casa acesteia, la marginea pădurii a fost găsit cadavrul țiganului. Toate acestea au dus la arestarea femeii, care este reținută până la elucidarea cazului.

Aflând că Flora a fost arestată, Elena îl roagă pe Dan s-o însoțească la vorbitor cu bătrâna, care, amândoi erau siguri că nu are nicio vină.

-Ce-ai făcut, Flora? Nimeni nu te va crede, îi spune Elena.

-Ai dreptate fetițo, cine ar crede o femeie săracă și cu mintea tulbure?

-De ce a trebuit să iei vina asupra ta? o întreabă Dan.

-Gata, nu mai contează acum de ce... Va trece, le spune ea și simțind o durere care îi săgetează capul, își duce mâna la frunte.
-Ce s-a întâmplat? Te doare capul?
-V-am spus tot, acum e rândul vostru să mă ajutați. Găsiți broșa.
-Ce-ți spuneam eu, Dane. E vorba despre broșa furată de la țigan.
-Cel mai important acum este să găsiți broșa. Găsiți broșa până ce...
-Ce vrei să spui?
-Până ce... Găsiți broșa! le spune ea și nu mai vrea să rostească niciun cuvânt.
-Să mergem, mai vorbim. E târziu și trebuie să te duc până acasă, Elena.

* *

Seara, când se întoarce acasă, Dinu o găsește pe Eva în fața televizorului din sufragerie.
-Ce faci? Cum ai ajuns aici? Nu te încuiasem în bibliotecă?
-Dragul meu, a trece de o ușă încuiată nu e prea greu...
-În fiecare zi, ai tot mai multe talente, Eva. Cine te-a ajutat să ieși?
-Am prieteni în casa asta.
-Ce tot spui? Ia spune-mi, cine?
-Știi bine! Grig. E cunoscut peste tot.
-Și ce? E în stare să facă și fapte bune?
-Nu... I-am mulțumit... din tot sufletul.
-Cum, nenorocitul ăsta merită „tot sufletul" tău? Și în ce fel i-ai mulțumit? Dacă-mi spui...
-Cred că se odihnește după cât de mult i-am mulțuimit.
Dinu face ochii mari.

-N-am înțeles...
-Îți amintești de șampania pe care ai adus-o ieri de la Jidvei? Una dintre sticle nu mai este.
-Ca să vezi! El te-a eliberat din bibliotecă, iar tu i-ai mulțumit dându-i o sticlă de șampanie...
-Chiar în cap!
-Doamne! Nu trebuie să riști astfel! râde el.
Eva începe și ea să râdă.
-Îți dai seama ce va scoate din povestea asta?
-N-are decât! Ce ai fi vrut dragă? Să stau acolo și să aștept cine știe cât?
-Trebuia să ai încredere în mine. Am vorbit cu Nae să ne ajute. I-am promis bani mai mulți. În schimb el va spune că Grig i-a dat bani falși și a vrut să te acuze pe tine.
-Tu nu-l cunoști pe șmecherul ăla de Nae... Dacă-l atrage cineva cu un leu în plus el refuză tot. Și la ce bun ce va spune el?
-E bine dacă rezolvăm problema cu banii. În celălalt caz... Emil e fiul prietenului meu și e un om bun. Sigur va renunța, nu te va acuza. Dacă nu, îl voi ruga în genunchi pe Emil să ne ierte.
-Și dacă nici asta nu ajută?
-Nu voi permite draga mea să te știu închisă într-o celulă de temniță!
-Și tu mă consideri o răufăcătoare? M-ai închuiat în bibliotecă... Și mai vrei ca lumea să creadă altceva... De ce ar crede Emil că acum nu mai sunt periculoasă?
-Trebuia să te gândești la toate atunci când ai dat cu mașina peste mine.
-Nu trebuia să-mi dai motiv!
-Dar nici nu vreau să vorbesc despre asta!
-Măcar de ochii lumii să ne prefacem că între noi totul este bine, Dinule!
-Ai dreptate! Trebuie să fim uniți. Dar, te rog, nu mai face

lucruri negândite!

-Bine, dar numai dacă tu îmi vei spune despre toate planurile tale.

-O să-ți spun despre fiecare pas pe care îl fac!

-Uimitor!

-Fac orice numai să mă ierți. Te rog, pentru viitorul nostru, pentru copiii noștri, ai răbdare! Trebuie să facem totul cu cap și va fi bine.

* *

Prin toate sertarele Raul răscolește și în cele din urmă găsește ceea ce căuta.

„În sfârșit, scrisoarea asta e foarte importantă. Cu ea îi voi dovedi judecătorului că tata e nevinovat, își spune el mulțumit. Acum voi merge la Emil să i-o arăt și lui. Noi doi ne-am înțeles foarte bine de când eram mici. Iar atunci când mama l-a lovit cu mașina, tatăl lui era beat și cred că el a alunecat sub roată. Mă mir însă cum nu a prins deloc frâna. Oare nu a făcut ceva acolo la frână nemernicul de Grig știind că mama va lua mașina să meargă până la Sibiu? De la bun început m-am întrebat, dacă nu a fos cumva mâna lui aici. Scăpa de mama și rămânea stăpân pe casă și pe cârciumă, că mâna Elenei o obținuse cu câteva zile înainte, când s-au cununat la primărie. Bine că n-au mai ajuns și în fața altarului!" își face el cruce.

A doua zi, cu trenul de dimineață, de la ora cinci, Raul pleacă la Sibiu. Nu s-a mai întâlnit cu Emil Deleanu de la înmormântarea tatălui său, după care, el s-a mutat la Sibiu în casa bunicilor dinspre mamă. La telefon, nu s-a arătat a fi supărat pe el, ba dimpotrivă s-a oferit să-l aștepte în gară pentru că Raul nu avea de unde să știe în ce parte a orașului locuiește el.

S-au întâlnit pe peron și s-au îmbrățișat. Au făcut drumul până acasă, în câteva minute. Emil i-a dat explicații despre fiecare stradă pe care treceau și i-a promis că vor face mai târziu o plimbare, să vadă și el partea istorică a orașului, după care vor cina la „Împăratul Romanilor", vestitul restaurant.

Casa nu era prea mare, avea doar trei camere, o bucătărie, baia și terasa dinspre curtea pe care oricine o veadea și-o imagina plină cu flori, de primăvara până toamna târziu. O casă cu ferestrele înalte, care permit razelor de soare să pătrundă în toate colțurile, pe partea sufrageriei dimineața, iar pe cealaltă parte după-amiaza.

După ce au luat o gustare, Emil a pregătit cafeaua și l-a poftit pe Raul în sufragerie.

-Mă bucur că m-ai primit, Emil.

-De ce să nu te primesc, Raul? Tu ești singurul meu prieten adevărat.

-Așa e, dar ceea ce s-a întâmplat...

-Nu-mi mai aminti. Așa a fost să fie...

-Mama și eu, te rugăm să retragi acuzația că l-ar fi ucis pe tatăl tău.

-S-o iert? Înțelegi despre ce vorbești?

-I-ai arătat o dată generozitatea și ai...

-Atunci, mama ta nu putea să-și asume responsabilitatea pentru ceea ce a făcut. Acum, e cu totul altceva. L-a omorât pe tatăl meu cu sânge rece și s-o las să trăiască liniștită? Să iubească și să se bucure, să urască și să sufere. Să se bucure de apusuri de soare, de răsărituri...

-Vrei să te răzbuni, Emil. Încearcă să înțelegi că nu îți folosește la nimic. Și mama mea s-a răzbunat pe tata... Cineva trebuie să oprească asta. Te implor, renunță tu la răzbunare.

-Am jurat pe mormântul tatălui meu că ucigașul va plăti pentru tot.

-Te rog, înțelege că toată familia mea va plăti pentru asta. Răzbunarea ta, mai întâi, le va afecta pe Elena și pe Alina.

Doamne, sunt așa de sătul de toate astea! Câteodată vreau să mă trezesc și să văd că totul e așa cum era altădată. Cu părinți iubitori și surori fără griji. Și un tânăr care roșea întâlnindu-se cu sora mea.

Cuvintele rostite de Raul, îl pun pe Emil pe gânduri.

-Elena cum se simte?

-Nu pot să înțeleg cum de totul merge prost în familia noastră. Elena a avut soarta cea mai grea. Cred că toate ghinioanele noastre au început după ce mama n-a reușit să-l ierte pe tata pentru că a avut o aventură cu Mara.

-Elena e foarte diferită de mama voastră. Dacă aș ierta-o pe mama ta vreodată, aș face-o numai de dragul ei.

Raul îl privește și nu-i vine să creadă ce aude. Era tot ceea ce își dorea mai mult.

-N-o s-o iert niciodată pe mama ta. E imposibil să ierți așa ceva, crede-mă.

-Dar Elena...

-Ea nu are nicio vină, oftează, Emil. Dacă îi aduce puțină ușurare... Dacă i-ar putea cumva schimba viața... n-o voi mai acuza pe mama ta. Te avertizez însă că nu vreau s-o văd niciodată. Dacă apare vreodată în curtea mea nu răspund de faptele mele.

-Cum pot să-ți mulțumesc?

-Mulțumește-i Elenei. Sau nu, mai bine, nu. Nu-i spune despre discuția noastră. Sora ta, este o fată uimitoare. Am fost îndrăgostit de ea foarte tare, dar mama ta a reușit și ne-a despărțit. Acum aș vrea ca acest coșmar din viața ei să înceteze, oftează din nou, Emil.

-Până acum, atât ea cât și noi, nu ne descurcăm prea bine. Tata e acuzat de falsificarea banilor.

-Ce bani? Cine a îndrăznit?

-Ruda noastră. Chiar soțul Elenei. Nemernicul de Grig. El e răspunzător de toate ghinioanele noastre.

-Doamne, cum poate lumea să suporte asemenea ticăloși?!
-Sper ca avocatul să mă ajute. Mi-a promis și mă primește jjoi dimineața.
-Ia mașina mea și întoarce-te acasă. Eu plec la București s-o iau pe Sanda și venim cu trenul, iar mașina îmi va prinde bine acolo cât vom sta în concediu acasă.

* *

În timp ce erau la micul dejun se aude o bătaie în ușă.
-Cine o fi la ora asta?
-Nu știu, Dinule! Deschide tu.
-Bună dimineața!
-Bună dimineața, Nae. Dar ce te aduce așa de dimineață pe la noi.
-E ora zece. Cred că nu vă deranjez. Vreau să vă spun ce hotărâre am luat. Din păcate nu pot să fiu noul dumneavoastră barman. Deși mi-ați oferit salariul mărit. Dublu, ca să fiu mai precis. Cu toate astea nu pot. Mi-e teamă că nu voi fi bine respectat aici, spune el și îi aruncă o privire Evei.
-Ce-ți trece prin cap?! îl întreabă Dinu.
-Lasă-l, dragă! Ăsta nu e om, e un porc, un excroc, un ticălos. Ți-ai vinde sufletul dacă ți-ar oferi cineva o sumă... sare ca arsă, Eva.
-Doamnă, încă nu mi-a oferit nimeni o sumă bună pentru sufletul meu. Nu pot confirma că Grig mi-a oferit bani falși. Nu... Stăpâna acestei case ospitaliere, ea mi-a dat banii.
-Ce vorbești, ticălosule?! N-ai ce căuta într-o casă decentă. Hai, cară-te!
-Ce e cu tine, draga mea? Liniștește-te, Eva. Liniștește-te și odihnește-te, îi spune Dinu.
-V-ați însănătoșit, doamna Eva?! Felicitări! O să vă trimit un buchet de flori din grădina mea.

-Nae, e o mare greșeală din parte ta că-l acoperi pe Grig Focșa. Ai să ajungi la vorbele mele, dar va fi prea târziu.
-Încercați să înțelegeți că nu am legătură cu asta, domnule Dinu. Eu doar am jucat cărți cu el. Sunt un om cinstit.
Când îl aude ce spune, pe Eva o pufnește râsul.
-Nu pot să acopăr criminalii, continuă el.
-În cazul ăsta, fii amabil și pleacă din casa noastră. Poți să iei florile despre care vorbeai cu tine! S-ar putea să ai nevoie de ele în închisoare. E așa plăcut să privești niște flori.
-Nu-mi vine să cred că v-a iertat doamna. Cu un caracter ca al dumneaiei... Dar cred că are o inimă bună, mai spune Nae, în timp ce Eva își acoperă urechile cu palmele.
-N-o să discut despre asta cu tine. Poți pleca, îi spune Dinu și închide ușa după el, apoi se apropie de Eva, care se sprijină de el, în semn că nu se simte bine.
-Dragul meu, îmi pare rău. Am obosit să fiu puternică. Nu mai pot pur și simplu, nu mai pot. M-am săturat să urăsc.
-Eva dragă, nu-i nimic. Sunt lângă tine.
-Ce facem acum? Nu am reușit să-l mituim pe nemernicul ăsta. Putem ajunge la închisoare.
-Îți amintești, o dată, înainte să ne căsătorim, ai spus că nu există obstacol peste care doi îndrăgostiți să nu treacă.
-Doamne, îți mai amintești... Eram așa de tânără atunci, dar mă credeam atât de înțeleaptă, Dinule... îi spune ea și începe să plângă.
-Eram așa mândru de tine!
-Dinu, spune-mi, cu cine semănam mai mult, cu Elena sau cu Alina.
-Erai la fel de serioasă ca Alina, dar și la fel de capricioasă, exact ca Elena, îi spune el și râd amândoi. Nu-ți fie teamă, draga mea. O să fac orice să te apăr.

* *

Seara, după cină, cei din familia Crișan discută împreună cu inspectorul Dan Mezei despre ceea ce îi frământă legat de banii falși.

-E ceva ce te supără? îl întreabă Eva pe Dinu.

-Mă gândesc că pedeapsa pentru falsificarea banilor e prea mică pentru un criminal.

-Te referi la țigan? vrea să știe ea.

-Nu, nu contează. Și dacă nu era un țigan, răspunde el.

-Un criminal trebuie pedepsit oricine ar fi el sau victima, precizează Elena. Aș da orice ca tata să fie liber.

-Nu există nici o dovadă că tata a falsificat banii, spune Alina. Nimic în afară de faptul că a recunoscut el.

-Și mărturia lui Grig? întreabă Elena.

-Dane, știi cum să demonstrezi că Grig l-a ucis pe țigan? vrea să știe Dinu.

-Sper... Nu pot promite nimic.

-Nu putem. Nu putem amâna o decizie. Nu vor sta să aștepte. Să mă duc la Judecătorie? Ce să fac?

* *

Ca niciodată, luna noiembrie a început cu prima ninsoare. Și a nins toată noaptea, încât plapuma de nea a acoperit pământul.

A doua zi, Nae mătura zăpada din fața casei.

-Bună dimineața, Nae.

-Am văzut și dimineți mai bune ca asta, inspectore!

-Îmi pare rău, Nae.

-Oricum nu face nimic Chiar dacă nu vrea să mă angajeze Dinu Crișan, nici o problemă. Există o limită în toate. Nu poți să muncești la cineva care te tratează așa.

-Voiam să-ți pun o vorbă bună pe lângă domnul Crișan, dar dacă vrei să pleci... Am înțeles bine? Pleci din sat?

-Nu încerca inspectore să mă păcălești, mai curând cred că e vară, decât să cred în atitudinea dumnitale binevoitoare față de mine.

-Am o afacere cu tine, dar poate rezolv cu altcineva...

-Vorbește! Spune ce e?! întreabă el curios.

-Dar dacă pot vorbi cu altcineva...

-Nu-mi place...

-Deja ești băgat până peste urechi. Voiam să te salvez... îi spune Dan și îi întinde un plic. Mergem împreună la Focșa acasă. Tu intri și eu cu agentul rămânem după ușă. Îi spui că ai fost refuzat de socrul lui și îi ceri ajutorul, dar nu uita să-l faci să recunoască. E vorba despre crimă.

-Las' pe mine. La asta mă pricep foarte bine. Hai, să mergem.

Când au ajuns la poartă, se vedeau de departe doar urmele făcute de Grig până la intrarea în casa părăsită. Zăpada nu fusese dată la o parte de când a nins și depășea o jumătate de metru. Cu greu cei doi au străbătut curtea.

-Eram sigur că te voi găsi aici, domnule Focșa. Ce faci?

-Bine ai venit, îl întâmpină Grig de cum îl vede că intră pe ușă. Știi că ușa mea e deschisă oricând pentru tine. Ce să fac? Mă întrebi de parcă n-ai ști de ce sunt aici. M-am săturat de nebunii ăia și m-am mutat aici în căsuța mea. Ce faci tu? Ești în bani? Ai venit să facem un pokăraș? Dacă da, atunci mai trebuie să-i așteptăm și pe...

-Nu, nu pentru asta am venit.

-Nu? pălește Grig. Ce-i cu tine? Ce s-a întâmplat?

-Am primit o scrisoare și...

-A! Și vrei să te ajut, dar știi că eu nu fac nimic gratis?

-Știu, știu.

-Ce dracu ai mai făcut și de data asta?

-Nu, n-am făcut nimic, dar uite că nu mă angajează ca barman socrul dumnitale, îi întinde el plicul. Iar domnul Emil, am auzit că se întoarce de la Sibiu și mi-a transmis că nu vrea să mai am grijă de casa lui.

-A, asta era! Interesant... Ești șomer, care va să zică. Dar ce nu pricep dragă Nae, e de ce ai decis să mă cauți tocmai pe mine? Și de ce lucrul ăsta m-ar îngrijora pe mine?

-Dar am depus mărturie în favoarea dumnitale, nu?

-Și ce?

-Acum domnul Dinu va fi condamnat în locul dumnitale.

-Vrei să-ți schimbi mărturia? Atunci va trebui să dai socoteală pentru încurcarea investigației.

-Bine. Mai este și o altă cale de a-mi rezolva situația.

-Și ce am eu de a face cu asta?

-Domnul Dinu mi-a promis că va pune o vorbă bună pe lângă domnul Emil, dacă reușesc să te fac să mărturisești că l-ai ucis pe țigan. Domnule Grig Focșa... Poate mai aveți ceva prin buzunare...

-Nu mai ai bani? Nu-ți dau nimic!

-Atunci drumurile noastre se despart, îi replică Nae. Mă duc să-l întâlnesc pe polițai și dumneata te vei pregăti pentru închisoare.

-Așteaptă! Ce diavol te-a adus în calea mea?

-Fii atent, Grig Focșa, pot să înțeleg cât de ușor îți e să ucizi, dar amintește-ți că i-am spus polițistului că vin la dumneata, așa că, dacă se întâmplă ceva...

-În caz că se întâmplă ceva... Nu l-am ucis pe țigan, nu am făcut-o din adins, l-am ucis dintr-un accident. Aveam cuțitul și el s-a aruncat peste mine și peste cuțit. A fost un accident...

În momentul acela, de după ușă își face apariția Dan Mezei însoțit de agent, care au auzit cele spuse de Grig Focșa.

* *

După patru ore la volanul mașinii, Raul ajunge obosit, acasă. În sufragerie îi găsește pe părinți, pe sora lui Elena, și pe inspectorul Dan Mezei.

-Ei, cum a fost? îl întâmpină tata.

-Obositor, dar mi-am dat seama că Emil e un prieten adevărat. A renunțat la plângere. Nu o mai acuză pe mama că l-a omorât pe tatăl lui.

-Nu se poate...

-Ba da. Se întoarce peste câteva zile și se va duce la Judecătorie.

-Ai dreptate, e un băiat minunat, îi spune tata. Seamănă cu tatăl lui. Eete un prieten de nădejde așa cum l-a crescut și l-a educat Aurel, oftează Dinu.

Fără să scoată vreun cuvânt, din fotoliul în care era așezată, ca de obicei, Eva se preface că dezleagă rebus. Foarte atentă, ascultă discuția dintre cei doi și îi aruncă o privire plină de ură lui Dinu, când îl aude cum își laudă prietenul.

-Numai problema banilor falși a mai rămas nerezolvată.

În ușă, cineva bate insistent.

-Intră!

Ușa se deschide și în sufragerie intră Nae.

-Mă iertați că vă deranjez. Vă certați cumva?

-Nu e treaba ta! se răstește la el Eva.

-Păcat, venisem să vă ofer ajutorul. M-am gândit la oferta dumneavoastră, domnule Dinu... Accept.

-Ce să accepți mă?! Dinu, pot să știu și eu despre ce vorbește mătărăul ăsta? sare Eva din fotoliu și țipă de parcă s-at fi aprins casa.

-Sunt de acord să fiu barman în restaurantul dumneavoastră. Și mai e ceva. Sunt gata să depun mărturie că am mințit că doamna Eva mi-a dat bani falși.

Ochii Evei sunt gata să iasă din orbite. Nu-i vine să creadă ce-i aud urechile.

-Domnul Grig m-a făcut să spun asta.

-Ce nenorocit! nu se poate abține Eva. Numai Dumnezeu te-a trimis aici! Dinu, de ce ești așa tăcut?

-Liniștește-te! N-ar trebui să ne grăbim. Trebuie să ne sfătuim, intervine Dan și se ridică de pe scaun. Fii bun Nae și așteaptă afară.

-Cum vreți, se îndreaptă Nae spre ușă, dar aș vrea să știți că dacă durează prea mult, s-ar putea să mă răzgândesc le spune el din prag.

Eva îi aruncă o privire soțului ei și spune nemulțumită:

-Dan nu e încă ruda noastră și nu ar trebui să se bage în treburile noastre. De ce te amesteci?

-Termină, mamă!

-Avem și noi noroc să prindem doi iepuri deodată, să-l salvăm pe domnul Dinu și să-l închidem pe nenorocitul ăsta de Grig Focșa...

-Eva, calmează-te! Ascultă-l pe Dan.

-Mulțumesc. Nae nu e prea sigur pe el... E în pericol să fie dat afară de Emil care l-a prins de multe ori cu minciuna. E gata să spună orice, ca să aibă ceva de lucru.

-Da, înțeleg că vreți să-l acuzați pe Grig de ceva mult mai grav cu ajutorul lui Nae, se dumirește Dinu.

-Cred că va fi de acord să depună mărturie contra lui Grig în cazul țiganului, îi spune Dan.

-Ne-ați amețit cu țiganul ăla... se amestecă în discuție din nou, Eva.

-Planul e foarte riscant, replică Dinu.

-Dar mie nu-mi pasă de țiganul ucis! Vreau să-l salvez pe Dinu. Nu înțeleg, de ce te opui? se răstește Eva la soțul ei.

-Mamă, și dacă Nae chiar se răzgândește?

-Nu vreau să insist, dar șanse mari că scăpăm de Grig Focșa pentru totdeauna, nu cred că vom avea, le spune Dinu. Ce zici,

Elena?

-Vreau să știți că Dan nu mi-a dat nici un sfat greșit, răspunde Elena.

* *

La prima înfățișare, în fața completului de judecată, Grig Focșa nu se poate abține și începe să-și expună punctul de vedere:
-Domnule judecător, nu voi fi primul și nici ultimul...
-Nici primul nici ultimul? Ce vrei să spui?
-Vreau să spun că nu sunt nici primul și nici ultimul distrus de bârfe. Care e bârfit și acuzat pe nedrept.
-Vrei să spui că toată lumea minte?
-Da!
-Da? Nu mai spune! Și de ce ai fost tocmai dumneata cel ales?
-Vor să se răzbune. Nu-mi pot ierta onestitatea, faptul că nu m-au putut cumpăra. Nu se opresc deloc și vor mai spune porcării la adresa mea. Credeți-mă că...
-O să vedem... Dar și rudele soției te acuză.
-Pe cine ascultați? Singura din familia aia, care are o reputație curată este Alina, cumnata mea, și asta numai pentru că ea e foarte tânără. Restul sunt duși rău...
-Liniște!
-Dacă-mi dați voie, vă voi spune lucruri cumplite despre membrii familiei Crișan.
-Domnul și doamna Crișan sunt prezenți.
-Doi smintiți... nu se abține Grig.
-Domnule, doamnă, acuzatul Focșa Grig pretinde că acuzațiile împotriva lui sunt false.
-Domnule judecător, nu au nici un drept să fie aici. Mă opun, spune Grig Focșa.
-Nu sunt de acord. Doamna și domnul Crișan sunt martorii

principali în acest caz și trebuie să participe la această discuție.
 -Cum pot să fie ei martori? Ei sunt implicați...
 -Să începem.
 -Domnul Focșa a mințit din prima zi de când ne-am cunoscut. Mi-a spus că are o casă frumoasă în care își va duce soția și că se însoară cu fiica noastră.
 -Poate că a fost o unire bazată pe dragoste.
 -Nu, fiica noastră s-a opus acestei căsătorii.
 -Da, s-a opus, spre deosebire de mama ei, care abia a așteptat să-și vândă fata unui om bogat. Vedeți ce agitată e fiindcă a făcut o mare greșeală? Răspunde acuzatul.
 -Încetează, canalie! șoptește Eva.
 -Domnule Focșa...
 -Onorate judecător, a mințit când a spus că nu are nici o legătură cu bani falși, ba mai mult a vrut să-mi acuze soția, precizează Dinu Crișan.
 -Nu eu, ci Nae.
 -Și să nu uităm că l-ai ucis pe țigan.
 -Toată lumea știe că tabăra lor stă acolo în capătul satului, pe pământul meu, de ani de zile.
 -Și ce? intervine Eva.
 -În alte părți, oamenii încearcă să-i gonească, pentru că aceștia cauzează rele, că fură...
 -Deci, negi că ai avea vreo legătură cu moartea țiganului? îl întreabă judecătorul. Înainte de a răspunde la întrebare, nu uita că mărturia falsă se pedepsește.
 -M-am apărat!
 -Deci recunoști că l-ai ucis pe țigan?
 -Repet, m-am apărat...

* *

Au trecut două săptămâni și Grig Focșa este readus în sala de judecată.

-Ce privire criminală! șuieră printre dinți Grig, când își vede soacra.

-Lasă-l să se distreze. Nu mai are mult timp la dispoziție, îi spune Dinu agentului care îi face semn lui Focșa să tacă.

-Vedem noi... Judecătorul mi-e prieten vechi.

-Acum, nici un prieten nu te mai poate ajuta, îi spune Dinu. Ești un falsificator și un criminal.

Completul de judecată este așteptat să intre în sală.

-E curent aici. E frig, se plânge Grig.

-Te temi să nu îngheți? nu se abține Eva.

-Ia te uită! Nu mai are voie omul să gândească tare. Nu-mi place frigul, se scutură Grig. Am început să-l urăsc.

-Da, îți va fi greu acolo.

-Unde?

-La închisoare.

-Fii serioasă! Nu ajung acolo, răspunde sigur pe el Grig.

-Cum așa?

-Uite așa!

-Când va veni judecătorul îi voi spune că nu știu nimic, că am uitat absolut totul. Și așa, nu voi mai fi pedepsit.

-Nu mai face pe prostul bufonule!

-Roagă-te ca minciuna ta să nu se afle doamna Eva, altfel, următorii douăzeci și cinci de ani, mititica te găzduiește...

-Ușurel, domnule Grig! îi atrage atenția Dinu.

-Ce exemplu... Ce familie! Ea a dat cu mașina peste soțul ei, a dat cu mașina peste bietul Aurel, Dumnezeu să-l ierte și să-l odihnească! Și culmea, doamna, acum face pe nervinovata!

-Taci! îi spune din nou Dinu.

-Bine că vezi paiul din ochiul altuia și nu vezi bârna din ochiul tău... îi aruncă Grig și se întoarce cu spatele.

În sală se face liniște. Completul de judecată intră. Judecătorul își drege glasul și rostește:
-Sunt gata să pronunț verdictul.
-Dinu, murmură Silvia.
-Liniștește-te, îi șoptește el.
-Grig Focșa ați fost declarat vinovat de bigamie, furt, ucidere, bani falși. Pedeapsa este de 25 de ani închisoare și interzicerea unor drepturi.
-Nu se poate așa ceva. O să mă plâng la Strasbourg. Drepturile omului sunt încălcate...
-Nu prea cred că o să-ți fie de folos. În urma mărturiei domnului Nicolae Barbu și a agentului Lazăr, sunt convins că ești vinovat.
-Domnule judecător, am fost tras pe sfoară! E o înscenare.
-Luați-l!
-Nu l-am ucis pe țigan! A fost un accident, credeți-mă!
-În ceea ce vă privește domnule Dinu Preda, toate acuzațiile împotriva dumneavoastră au fost retrase. Sper că nu ne purtați pică.
-Să nu amestecăm prietenia cu meseria fiecăruia, zâmbește Dinu.
Dan Mezei îi strânge mâna lui Felix, în timp ce lui Grig i se pun cătușe și încadrat de doi polițiști este scos din sală.
-O să vă pară rău că v-ați purtat așa cu mine! se întoarce el și țipă din pragul ușii. O să vă arăt eu vouă tuturor!

* *

După process, Nae îi șoptește lui Dan Mezei.
-Cum rămâne cu înțelegerea noastră?
-Care înțelegere? Ar trebui să fii recunoscător că nu te-am trimis la închisoare împreună cu amicul tău, răspunde Dan.

-Sper că vă veți ține de cuvânt, domnule inspector, insistă el pe lângă Dan.

-Promisiunea e promisiune. Ți-am dat deja banii, nu?

-O să mă mai primească Emil în slujbă la el?

-La început, n-a vrut să te ia, dar apoi a fost de acord și cu jumătate din salariu...

-Cum? De ce? Asta primesc în schimbul serviciilor mele? Cu asta mă aleg după tot ajutorul pe care l-am dat?

-Sunt uimit de bunătatea lui Dan, nu se poate abține Dinu. Eu nu ți-aș da niciun ban!

-Nenorociților! N-o să uitați ziua de azi!

Supărat că nu i-a reușit planul, Nae aleargă în urma lui Grig care tocmai este scos din sală de doi polițiști.

-Iartă-mă, Grig. Regret amarnic că am fost depus mărturie împotriva ta

-Auzi, îi pare rău?! Dispari!

-N-ar trebui să-mi vorbești așa amice! Amândoi am avut de suferit.

-Vrei să spui că ăla nu ți-a dat treizeci de arginți pentru sufletul meu? Piei din ochii mei, lichea ordinară!

-Mi-a promis că-mi voi recăpăta slujba, iar nemernicul de Emil, mi-a înjumătățit salariul...

-Atunci, hai cu mine la închisoare! Îți găsesc eu acolo o slujbă, hai!

-Glumești... N-am deloc chef de glume.

-Vezi, te-au păcălit ca pe un copil. Spune-mi, Nae, tu l-ai rugat pe Dan Mezei să te ajute? Sau a venit el cu oferta?

-El a venit la mine.

-A venit el...

-Să fiu al dracului, da prost am mai fost! Phi, ce prost am fost! L-am lăsat să mă joace pe degete.

-Dinu Crișan nu e deloc fraier. A împușcat doi iepuri dintr-un foc.

-Adică, Emil nu avea de gând să mă concedieze.

-Întocmai, dar sunt sigur că acum s-a bucurat să scape de tine, fraierule.

-Dinu Crișan o să mi-o plătească! Fii liniștit că vor plăti toți pentru asta!

-O să ți-o plătească pe dracu! mai apucă Grig Focșa să îi spună și urcă în dubă.

* *

În urma lor Dan, Eva și Dinu au auzit toată discuția.

-Lasă-l în pace! Amândoi sunt la fel. Și el și celălalt nu știu decât să ne amenințe. Cine se aseamănă se adună, îi spune Dinu soției sale. Vino cu noi acasă, Dan. Trebuie să închinăm neapărat un pahar de vin.

Cum intrarea permite să ajungi în biroul lui Dinu direct din hol, cei doi se opresc aici.

-Trebuie să sărbătorim faptul că s-au rezolvat toate necazurile, îi spune Dinu inspectorului și umple paharele. Să sperăm că Grig va plăti pentru tot.

-În închisoare va avea timp să se gândească la ce a făcut și să se căiască, răspunde Dan.

-Cum te-ai descurcat cu acest Nae? Nu credeam că vei reuși să îl atragi pe nemernicul ăsta de partea ta.

-Sincer vorbind, am fost nevoit să modific puțin scrisoarea lui Emil.

-Și ce va spune Emil?

-Chiar o să-i placă. De fapt, el a sugerat să-l angajeze pe Nae să aibă grijă de casă, dar cu o jumătate de salariu.

-Serios? Apropo, să știi că Nae este foarte răzbunător.

-E un laș.

-Uneori și câinii lași mușcă.

-Mulțumesc că mi-ați dat voie să-mi asum acest risc.

-Eram sigur că te vei descurca, îi spune Dinu și ciocnesc amândoi. Mai mult, Elena are încredere oarbă în tine. Iar ea nu prea se înșeală.

-Așa e, nu poți decât să invidiezi discernământul Elenei.

-Te place, Dane...

-N-am făcut decât s-o ajut să scape dintr-o căsnicie nereușită.

-Da, dar ai ajutat-o să scape și de afecțiunea chinuitoare pe care o avea pentru Emil.

-Emil îmi e prieten, dar mă bucur pentru Elena.

-Din cauza unei fete te-ai certat cu Emil, punctează Dinu. N-aș vrea ca Elena să scape de o iubire neîmpărtășită și să dea de alta. Înțelegi ce vreau să spun? Dacă iubești pe cineva, spune-i imediat Elenei. A suferit destul.

-Așa e, m-am certat cu Emil fiindcă o iubeam pe Laura. Am vrut chiar să ne căsătorim când a murit tatăl lui.

-Și de ce n-ai făcut-o?

-Au apărut mereu obstacole. Când le-am depășit, ne-am dat seama că nu ne cunoaștem destul de bine. Ne-am îndepărtat, pur și simplu.

-Până și poveștile fericite ajung la final.

-Mă bucur că povestea asta s-a terminat. Altfel, n-aș mai fi cunoscut-o niciodată pe Elena. Curajul și hotărârea ei sunt de admirat.

-Așa este, dar... Încă mai ai unele îndoieli și știu și de ce. Mama ei a ucis pe cineva, tatăl ei a fugit cu altă femeie... Cine ar vrea să se căsătorească cu fiica lor.

-Nu asta e problema...

-Nu, stai, înțeleg ce gândești, Elena este încăpățânată.

-Punctele ei tari sunt caracterul impetuos și încăpățânarea. Merită să se mărite cu cineva care s-o iubească pentru aceste calități.

-Da. Cred că are nevoie de cineva care să-i ofere liniște și pace. Atunci, doar atunci se va așeza la casa ei.

-Dacă și ea mă iubește la fel cum o iubesc eu, atunci m-aș bucura să fim împreună!

-Hai să ciocnim pentru voi! Casă de piatră Dane, sunt mândru cu un ginere așa ca tine!

PARTEA A II-A

După divorțul părinților, Adriana este încredințată spre creștere și educare tatălui.
Ocupat până peste cap cu problemele de la fabrica la care era director, Filimon Ionescu îi împlinește fiicei sale toate dorințele. Avea și de unde, așa că, fata lui nu ducea lipsă de nimic. Numai că, așa cum se întâmplă în cele mai multe cazuri, falimentul a bătut și la ușa lui Filimon și atunci...

* *

Într-una din zile, Raul Crișan, cel cu care în timpul facultății fiica directorului „s-a distrat" - cum îi plăcea ei să le spună colegelor, curioase cum sunt femeile, atunci când relația dintre doi se prelungește - o vede pe Adriana îndreptându-se spre un Renault care tocmai s-a oprit la câțiva metri pe dreapta.
Recunoscând a cui este mașina, Raul coboară și se apropie de frumoasa fată, pentru că nu mai vrea să amâne ceea ce de multă vreme se pregătea s-o întrebe.
-Adriana, poți să fii sinceră cu mine? Aș vrea să știu ce e între tine și prietenul meu, Emil Deleanu? Mă refer la viitorul director al fabricii, care din câte am auzit se cam duce de râpă. Emil are bani și îl salvează pe tăticul tău, iar tu ai căzut în brațele lui?
-Ce întrebare! Ce te interesează pe tine? Din câte știu nu-ți port numele, răspunde ea și se întoarce cu spatele, cu gândul de a pleca.
O mână de fier o ține în loc.
-Ce înseamnă asta? zise Raul, cu vocea plină de furie. Nu pleci de aici până nu-mi explici.
-Dă-mi drumul! țipă ea, încercând să se elibereze. Ai găsit-o

deja pe viitoarea... pe cea de care ai nevoie, nu-i așa?
-Asta nu te privește.
-Atunci ce te interesează ce e între mine și Emil? Lasă-mă în pace! țipă ea, văzând că nu mai avea argumente.
El o împinse cu brutalitate.
-Pleacă, Adriana, dar nu uita, noi ne-am iubit!
-Nu mai vreau să aud în viața mea de tine! răbufni ea.
-Bine, o aprobă el, probabil este cea mai bună soluție.
Ea îl privi în ochi.
-E perfect, murmură ea. Îți doresc să fii foarte fericit! Mă vei lăsa să-l mai văd pe Rex?
-De ce aș face-o?
-L-am crescut împreună de când era cât un ghemotoc. E prietenul meu. Îmi va lipsi mult.
-Iar eu nu-ți voi lipsi?
Ea ridică provocatoare capul.
-Bineînțeles că nu!
-Evident, rânji el. Emil Deleanu este ce-ți trebuie, te va face fericită, sunt sigur, dar să îl iubești la fel cum te iubește el.
-N-am nevoie de sfaturile tale, ripostă ea.
-Bine, frumoaso... Înseamnă că nu mai avem nimic să ne spunem. Oricum, viitorul tău mă interesează prea puțin.
Și ca să-i confirme cele spuse, el se întoarse brusc și se îndepărtă cu pași grăbiți. În trecere îl salută pe Emil Deleanu, apoi se urcă în mașină și trânti cu putere portiera. Demară în trombă și în câteva secunde dispăru în depărtare.
Adriana rămase nemișcată pentru un moment, încercând să alunge impresia penibilă pe care i-o lăsase această scurtă altercație. Avea sentimentul că făcuse ceva iremediabil; n-avea să-l mai vadă niciodată pe Raul, l-a scos pentru totdeauna din viața ei. Această despărțire era probabil preferabilă... Hotărâtă, se întoarse cu spatele la drum și alergă spre mașina lui Emil.

-Bună seara, zise ea cu o veselie forțată. Ai întârziat...
El își privi ceasul.
-Ah, nici măcar cinci minute, era un trafic infernal... Văd că n-ai pierdut vremea și ai stat de vorbă cu Raul.
-Da. Hai să nu mai vorbim despre el, este un subiect lipsit de interes.

Se așeză pe banchetă și își dădu părul pe spate. Ochii îi străluceau iar obrajii îi ardeau.

-Adriana! exclamă Emil. S-ar zice că ai febră.
-Nu-i adevărat! Probabil m-am fardat prea tare.
-Ești sigură că ești în stare să ieși astă-seară? insistă Gelu, sceptic.
-Of, Doamne! ești chiar mai rău decât tata! Poate că, de fapt, nu ți se pare că aș arăta suficient de bine ca să pot ieși în oraș cu tine astă-seară.

El o fixă cu minunații săi ochi verzi, cu o atitudine de provocare copilărească, apoi o privi pentru o clipă, surprins și izbucni în râs.

-Am înțeles, prințesă! Plecăm imediat.
-Vine și Mimi cu Ionuț? întrebă ea.
-Da. A hotărât în sfârșit să renunțe la nesuferitul acela de Sandu. Nu-l puteam suporta...
-M-a invitat în oraș.
-Și ce i-ai răspuns? întrebă Emil, neliniștit.
-Că tu și cu mine suntem aproape logodiți.
-Ce idee bună! Și chiar vom fi în curând, sper.
-Te rog, nu începe din nou, știi foarte bine cum se pune problema.
-Hai să anunțăm logodna chiar în ziua aniversării tale, continuă el, prefăcându-se că nu aude răspunsul ei.
-Ești surd, Emil?! zise ea, pe un ton dur.
-Aș fi putut deveni dacă mă mai obligai mult să te aștept în

aerul rece al serii.
Ea se destinse și îl bătu amical pe umăr.
-Încerc numai să-ți schimb puțin firul gândurilor, reluă el. Raul are darul de a te tulbura, din câte văd.
-N-am ce face, Emil, suspină ea. Situația se va schimba probabil când va fi căsătorit.
-Tot cu Celia se însoară?
-Da, am aflat din sursă sigură.
-Nu știu dacă această căsătorie îți va rezolva problema, însă nu pot decât să sper...
Se întoarse spre ea și fața i se lumină.
-Arăți adorabil în seara asta, Adișorule. Îți promit că vom dansa atât de mult, încât vei uita și cum te cheamă.

* *

Cei doi s-au căsătorit, după părerea multora, în mare grabă. Emil Deleanu a salvat și fabrica și frumoasa vilă de pe malul lacului, din Parcul Central. Anii care au urmat au fost plini de bucurii. Adriana a adus pe lume un băiat căruia i-au pus numele Mircea și o fată pe care au numit-o Alena, așa cum a chemat-o pe bunica ei dinspre mamă. Ca toți părinți de altfel, cei doi și-au dezmierdat fiul spunându-i Mici.
Peste douăzeci și cinci de ani, totul a decurs minunat.
După moartea lui Filimon, care s-a stins la câteva luni după ce și-a măritat fata, Emil Deleanu, a pus pe picioare fabrica și familia lui nu ducea lipsă de nimic.
Toate ar fi fost bune și frumoase dacă...
În familia Deleanu lucrurile se precipită. Emil a observat de ceva vreme că soția lui e prea des căutată la telefon și chiar acasă, de un profesor de filozofie.
-Adriana, e ceva foarte ciudat. Pari cam tulburată. De câteva

zile te văd cam nervoasă, ce ai? sparge el gheața într-una din zile.

-Asta mai lipsea acum! Ce ai tu, dragă? Doar nu ești gelos?! Lasă-mă în pace! Nu mă enerva cu întrebările tale inutile. Îmi plesnește capul.

-Iar migrenele tale. De câte ori vreau să discutăm despre noi... Dacă nu te deranjează, nu crezi că ar fi vremea să-mi spui cum stau lucrurile?

-Bați câmpii ca de obicei, dragule! Habar n-am ce vrei să spui. Așa sunteți toți bărbații, când vă bântuie o...

-Vreau să știu ce e între tine și filozoful ăsta, cum îl cheamă, Leo...? Și vreau adevărul? Îmi răspunzi sau nu?

-Emil, ți-ai făcut un obicei prost de la o vreme. Te rog, nu mă chinui. Sunt directoarea liceului și știi foarte bine că el e profesor. Avem o relație strict profesională, ce naiba vrei cu gelozia asta a ta...

-Da? O relație profesională?! Măi să fie... Și eu care credeam că... Atunci, de ce de fiecare dată când vin eu, profesorașul tău pleacă?

-Emil, termină! Ce vrei să spui? Nu-i adevărat dragule, sunt fanteziile tale.

-Termină tu, Adriana, cu chestiile astea puerile... Chiar mă iei drept prost?

-Ești chiar enervant să știi! Ți-am spus că nu e nimic între noi! Crede și gata!

-Sper să fii sinceră, Adriana. Altfel consecințele sunt grave și vina va fi numai a ta.

-Bine, dacă vrei să știi adevărul, da, te-am înșelat cu un alt bărbat

-Bravo! Eu lucrez zi lumină ca să trăiască doamna în lux și să nu-i lipsească nimic, iar ea își găsește un amant. Din acest moment, între noi, totul s-a terminat!

-Te rog... După ce că am fost sinceră cu tine ăsta e rezultatul...

-Sinceră?! Mă faci să râd Ce speri să obții spunându-mi tot? Iertarea mea?

-Am recunoscut pentru că nu vreau să te mai mint, să te mai fac de rușine!

-Vrei doar să-ți ușurezi conștiința, nu vreau nici măcar să știu cu cine m-ai înșelat. Nu vreau să mai știu nimic despre tine. E clar?

-Dac-aș putea da timpul înapoi, jur că n-aș mai face-o.

-Sigur, e foarte convenabil! Poate iubirea n-are nici un fel de logică pentru tine.

-Ba, pentru mine are.

-Dacă nu mă mai iubeai, puteai măcar să mi-o spui sau și asta era prea mult?

-Ce spui, Emil?

-După vacanța petrecută la mare ai hotărât să-ți părăsești iubitul pentru că ai rămas însărcinată și mi-ai spus că eu sunt tatăl copilului. A mai trecut o lună și ai suferit un avort spontan. N-am spus nimic, te-am susținut să treci peste... Și știi de ce am făcut-o? Pentru că voiam să fii fericită și te iubeam. Ce prost am fost!

-Te rog, Emil! Știu că e greu, dar încearcă să mă înțelegi. E adevărat, m-am purtat oribil și nu merit nimic, dar totul s-a terminat. Crede-mă, pentru nimic în lume n-aș renunța la tine dragul meu.

-Nu, Adriana, gata! Renunț eu!

-Nu vreau să te pierd, ești un om minunat, ești tot ce am mai bun pe lume...

-Da? N-ai știut aprecia... Dacă încerci să mă duci, dacă speri că plângând mă convingi încetează pentru că n-o să te iert niciodată. Ai înțeles?

-Emil, mă asculți? Faci și tu furtună într-un pahar cu apă și crezi că e tornadă. E vina mea, recunosc. Acum ce vrei, să mă pun la zid?!

* *

Sufletistă de felul ei, Alena e când alături de mama când alături de tata. Nu știe ce să mai facă pentru a-i determina să se împace și se îndreaptă spre terasă, acolo o găsește pe mama ei.
 -Ce faci, mamă? Iar fumezi? Uite, ai umplut scrumiera cu mucuri de țigară. De ce fumezi atât de mult? Nu reacționa așa, mamă. De ce nu te gândești la sănătatea ta?
 -Nu știu ce să-ți mai spun draga mea. Tatăl tău nu mă va ierta niciodată, Alena.
 -Iar începi, mamă! Ți-am spus să ai răbdare. O va face, dar cu trecerea timpului.
 -Tu nu-l cunoști. Poate să treacă peste orice, dar nu și peste așa ceva. Stai jos, trebuie să-ți spun ceva. Trebuie să-mi descarc sufletul și numai ție îți pot spune, trebuie să știi tot.
 -Sigur, mamă, o prinde Alena pe după umeri și se așează alături de ea, pe scaunul împletit din nuiele. Spune-mi, ce s-a întâmplat?
 -Am făcut o prostie, Alena. O prostie, imensă... îi spune mama, plângând.
 -Dacă plângi nici nu vreau să te ascult. Mamă, te rog, știi că mie poți să-mi spui tot.
 -Am avut o relație cu Leo.
 -Spune-mi că n-am auzit bine! Cum?! Ce-ai făcut? L-ai înșelat pe tata cu Leo?
 -Da. Te rog, nu mă privi așa! Mă faci să mă simt murdară.
 -Cum ai putut? Leo e profesorul acela tânăr de filozofie. Nu pot să cred!
 -Chiar el... Știu, a fost o nebunie, dar acum s-a terminat totul

și îmi pare rău că...

-Nu te înțeleg. Poate că tata are multe defecte, dar te adoră. N-ai dus lipsă de nimic și tu așa îl răsplătești?

-Tatăl tău nu are nici o legătură. E doar vina mea. Am fost slabă. Crede-mă că regret... Doamne, Dumnezeule, ce-am făcut?! Aș face orice ca să pot da timpul înapoi, să șterg totul!

-Prea convenabil. Timpul judecă și plătește, mamă. L-ai înșelat pe tata și nici n-ai avut curaj să-i spui cu cine.

-Crezi că n-am încercat? Nu știi de câte ori am fost gata să-i spun, dar, din păcate, ai dreptate, așa e, n-am avut curaj. Nici acum n-am putut să merg până la capăt.

-Ce vrei să spui?

-M-am jucat prostește cu viața mea, ai dreptate. Tatăl tău știe că am avut un amant, bănuiește că ar fi Leo, dar eu am recunoscut fără să-i spun numele celui cu care l-am înșelat.

-Poate că e mai bine așa, oftează Alena. Da, e mai bine. Ar fi suferit și mai mult.

-Crede-mă, n-am făcut-o ca să-mi ușurez conștiința.

-Nu? Atunci care-i motivul acestor regrete neașteptate?

-Tu, Alena.

-Eu?

-Da, tu. Am făcut-o și pentru tine, continuă ea să plângă.

-Vrei să-mi explici ce-i cu povestea asta?

-Alena, în ziua aceea, eu eram în hotel cu Leo, în ziua în care nemernicul acel, Baciu, a încercat s-o violeze pe prietena ta, pe Aurelia, în camera alăturată.

-Cum?! Nu pot să cred, mamă! Și n-ai spus nimic până acum?! Inventezi?

-Ascultă-mă, te rog. Am avut întâlnire cu Leo. El a întârziat câteva minute din cauza traficului. Camera era la etajul întâi pe colț. Eu eram pe balcon și l-am văzut pe Baciu. L-am văzut când a urmărit-o pe Aurelia și a obligat-o să intre în hotel.

—Doamne Dumnezeule, ce-mi aud urechile! Am înțeles, i-ai văzut. Apoi ce-ai făcut?

—Am intrat în cameră. A sosit și Leo între timp și am auzit amândoi cum o chinuia pe biata fată, în camera alăturată. Cred că voia să o dezbrace și ea s-a opus. Au fost zgomote,... Am auzit-o plângând.

—Cum?! Și n-ai făcut nimic?

—Eu am vrut să depun mărturie, dar Leo a fost atât de convingător, își făcea griji pentru mine, apoi când am aflat că Amelia, verișoara mea este avocatul apărării în cazul Aureliei, pur și simplu am simțit că mor.

—Nu te înțeleg. Cum ai putut, mamă? N-am cuvinte! Aurelia riscă să fie condamnată și tu taci.

—Îmi pare rău, Alena. Mă gândeam la urmări.

—Mai mult te gândeai la tine, nu? Acum înțeleg interesul tău față de proces, întrebările. Voiai să știi când ajunge la tine și la filozoful tău.

—Nu-i adevărat! Am suferit mult pentru Aurelia!

—Atunci, de ce n-ai vorbit de la început? De ce ai continuat să taci, mamă? De ce nu mi-ai spus totul așa cum s-a petrecut? Eu sunt avocat și...

—Pune-te în locul meu! Cum puteam să vorbesc? Eu, soția directorului Deleanu, la hotel cu unul dintre profesorii școlii la care sunt directoare. Aș fi fost ridicolă. Mi-aș fi pus în pericol familia și căsnicia! Înțelege-mă, Alena.

—Nu te înțeleg mamă. Pur și simplu nu pot să te înțeleg. E ceva ce întrece orice...

—Nu vorbi așa. Am trăit zile îngrozitoare. Eram disperată. Voiam să vorbesc și nu puteam. M-am rugat mult pentru Aurelia. Bine a făcut că i-a dat cu vaza în cap. Trebuia să-l omoare pe nenorocitul ăla. Să-l lase lat acolo în hotel și să plece. Am sperat până în ultima clipă că biata fată o să scape.

—Bine, te cred. Gata... Acum încearcă să te liniștești...

-Tatăl tău, când i-am spus, a fost așa dur cu mine. Nu mai știu, sunt înnebunită. Acum, nu-mi pasă ce va vorbi lumea. Voi depune mărturie în favoarea Aureliei. Voi spune ce am văzut în ziua aceea de pe balcon și ce am auzit din camera vecină.

-Bine, dar nu știu dacă poți să...

-Ce vrei să spui?

-În acest moment, după depoziția Aureliei s-ar putea ca mărturia ta să nu ajute la nimic.

-Cum nu? Nu te înțeleg. De ce spui că mărturia mea nu este de folos?

-Pentru că Amelia e avocatul apărării și tu ești verișoara ei, mamă. Voi două sunteți rude. Ce crezi că vor gândi cei de la judecătorie?

-Vrei să spui că nu mă vor crede?

-Vreau să spun că vor crede că mărturia ta a fost „aranjată".

-Bine, Alena. Voi face cum spui tu.

-E târziu și dimineață am un proces greu. Acum du-te în camera ta, îi spune ea și o ajută să se ridice de pe scaun.

Noaptea era liniștită cu bolta plină de stele iar parfumul pe care îl emana „Regina nopții" te îmbăta de-a binelea.

„E interesantă această floare. O știu de mică și mi-a plăcut întotdeauna. Ziua își închide petalele iar noaptea zâmbește la lună cu ele larg deschise, în timp ce toate celelalte flori preferă soarele! Foarte interesant" își spune Alena.

Coboară cele câteva trepte și se apleacă asupra florilor ei preferate, trăgând în piept parfumul dulce, după care urcă treptele și se îndreaptă spre camera ei.

* *

Nefardată, Adriana arată cu douăzeci de ani mai în vârstă. Ultimele zile au apăsat greu pe umerii ei, care n-au știut niciodată ce e povara. Picături de durere îi umplu ochii încercănați. Tresare când o aude pe fiica ei și o privește cu un zâmbet șters.

„Nu, nu mai e cea de odinioară. Cea pe care o cunoșteam atât de bine, mama mea frumoasă și cochetă", gândește Alena.

-Bună, mamă! De ce nu m-ai ascultat? Ce ți-am spus aseară? Iar ai plâns, o mângâie ea pe obraz.

-Nu știu ce să mai fac. Am încerct să vorbesc cu tatăl tău și m-a tratat ca pe o... N-o să mă ierte niciodată.

-Nu mai plânge, te rog. Trebuie să ai răbdare.

-Nu, Alena, nu... Mă privea într-un fel... Nu l-am văzut niciodată așa de încruntat. Simt eu că nu mă va ierta niciodată.

-Lasă-l. Ți-am spus că trebuie să mai treacă puțin timp și sunt sigură că tata va înțelege, încearcă Alena să o liniștească, în momentul în care ușa se deschide brusc.

Supărat că a fost refuzat de colaboratoarea lui, de Tina, care a plecat împreună cu Eugen la sfârșitul programului, Mircea, care până acum n-a fost refuzat de nicio femeie, se întoarce nervos acasă și de cum intră pe ușă, auzind ultimele cuvinte rostite de sora lui, sare ca ars:

-Ia te uită, muierile! Ce credeți voi ca tata e tâmpit?! Bine face! De-atâtea ori te-am întrebat și eu ce tot ai cu cretinul ăla de Leo?. Nu ți se pare cam târziu să vii să ceri înțelegere?

-Termină, Mici! Chiar n-ai pic de rușine. Cum poți să-i vorbești mamei în halul ăsta. Și mai știi ceva? Ținând cont de cum te porți tu, nu cred că-ți poți permite să judeci pe cineva, cu atât mai puțin pe mama.

-O, la, la. Bon giorno, doamna avocat! Mă întreb cum poți să fii de partea ei? A, uitasem că domnișoara... Am înțeles. Mai greu, dar m-am prins. Vorba aia: Mai bine mai târziu decât niciodată. Poate ai fost de la început de acord cu ea, surioară, și chiar i-ai făcut jocul.

-Ce-ți trece prin cap?! Ești culmea, frate! Nu mai vorbi prostii! Tata era bolnav și...

-Pe mine nu mă duci cu vorba... E o îndoială firească din moment ce o aperi astfel.

-Am greșit, sunt de acord, dar nu-ți permit să te porți așa. Doar ești copilul meu... Te rog, Mici, nu începe și tu, îi spune mama cu lacrimi în ochi.

Fără să-i pese de ceea ce-i spune mama, Mici continuă schimbul de repilci cu sora lui. După cele ce i s-au întâmplat cu ceva timp înainte se considera una dintre victime.

„Femeile sunt toate la fel. Frumoasa Tina, și acum tocmai mama, cea pe care am adorat-o...", își spune în gând și se continuă să acuze:

-O femeie care își înșeală soțul și apoi o spune nu merită nici un pic de înțelegere. Mama noastră ne-a făcut de râs Alena, oricât ai încerca să-i iei apărarea, să spui că tata era bolnav sau bătrân și că... Te plictiseai, doamna directoare și te-ai aruncat în brațele filozofului? Acum de ce plângi? Du-te la el, lasă-ne pe noi cu tata, care este bun și cald cu noi, îi spune el și pleacă.

-Are dreptate, Mici... oftează mama.

-Nu-i da atenție, e un prost! o mângâie Alena.

-Nu spune așa. Are dreptate Mici. Nu, Alena, îl cunosc bine pe tatăl tău. Nu mai e nimic de făcut. Nu mă va ierta niciodată pentru ceea ce am făcut.

-Te rog, mamă, du-te în camera ta. Trebuie să te odihnești. Mai vorbim mâine, o îmbrățișează ea și se îndreaptă spre bucătărie, dar îl vede pe tatăl ei în fața televizorului și oprindu-se în prag îl întreabă: Ești aici, tată? Nu te-am observat. E ceva interesant? La ce te uiți?

-La nimic. Stau și mă gândesc...

-De câteva zile doar asta faci, te așezi în fața televizorului, dar sunt sigură că habar nu ai ce e pe ecran. Tată, voiam să-ți spun ceva, îl mângâie pe obrazul palid, Alena, și se așează pe marginea fotoliului. Am vorbit cu mama și...

-Alena, te rog, încetează... Nu vreau să mai vorbesc despre

asta, ți-am spus și ieri.

-Tată, te rog, ascultă-mă. Sunteți maturi și cred că judecați altfel lucrurile decât doi tineri lipsiți de experiență. Înțeleg că nu e ușor, dar ar trebui să vă lămuriți.

-Am fost foarte clar. Nu e nimic de lămurit.

-Îmi pare rău de situația creată... Mama suferă îngrozitor și crede-mă că nu merită să vă chinuiți...

-Și eu? Tu ce crezi că sunt de piatră? Crezi că eu nu sufăr, Alena?

-N-ar fi așa dacă nu te-ar iubi. Crede-mă tăticule și mai dă-i o șansă.

-Regret, Alena, dar nu pot să mă mai mint. Nu mai rezist, simt că înnebunesc... Nu mai pot să ascund adevărul.

-Ce spui? Ce adevăr?

-Adevărul... Oamenii vorbeau, dar eu am crezut mereu că era invidie. M-am prefăcut să nu aud, că nu văd toți acești ani, dar acum totul e limpede pentru mine.

-Cum? Despre ce este vorba? Nu te înțeleg, tată. La ce te referi?

-Vrei adevărul? Mama ta nu m-a iubit niciodată. S-a căsătorit cu mine din interes. S-a căsătorit cu mine doar pentru că numai eu puteam salva fabrica de la faliment și îi puteam garanta o viață ca asta, îi arătă el casa. Asta e adevărul. Ai căutat adevărul, nu te condamn, e meseria ta, pe care mă bucur că o faci așa cum se cuvine. Ei bine, asta e adevărul. Crud, dar așa este cum îți spun.

Alena simte că ochii i se umplu de lacrimi și iese nemulțumită că nu a reușit să-l facă pe tatăl ei să o ierte pe mama, că nu a reușit să-i împace.

În prag, se izbește de Mici, care din hol intră în grabă, fredonând:

-Mai încet! Ce, ești chioară?! Cred că ar fi cazul să consulți un oftalmolog, surioară. Bună, tată! Ce mai face domnul director al celei mai mari și mai faimoase intreprinderi din oraș?

-Bine că ai venit, băiete. Ia loc, Mici. Trebuie neapărat să vorbim despre...

-Câtă grabă! Ce e? Să nu-mi spui că mă dezmoștenești că mă arunc de pe...

-Poți să mă asculți? N-am chef de glume acum. E ceva foarte serios.

-Scuze, domnule director! Cât de serios?

-Foarte... Uite, trebuie să recunosc și o fac acum. Ai avut dreptate cu acel tip.

-Ripeta, per favore; non ho capito bene. Ce vrei să spui? se preface Mici că nu știe nimic.

-Termină cu prostiile. Ești serios sau nu?

-Gata, am terminat. Spune, despre ce e vorba?

-Ei bine, filozoful ăla, profesorul de la școala ei, și mama ta au fost sau mai sunt amanți.

Neștiind dacă trebuie să râdă sau să fie cât se poate de serios, Mici, căruia i se citea pe chip satisfacția că tatăl său ajunsese la vorbele lui, nu-și mai încape în pene și îi răspunde:

-Io non parlo prostii niciodată. Numai tu m-ai tratat întotdeauna de parcă... Bine că ai ajuns în sfârșit, să mă crezi și pe mine o dată, îi spune oprindu-și cu greu zâmbetul.

Dându-și însă seama că e prea dur cu tatăl său într-o astfel de situație schimbă tonul:

-Scuză-mă. Nu pot să cred că mama a făcut asta. Serios?! Tată, vorbești serios?

-Foarte serios, fiule. Din păcate, e adevărat. Și mai e ceva ce trebuie să știi.

-Ascultă baiatul, este ochi și urechi Ce anume? se preface el că află abia acum totul.

-A recunoscut chiar ea că m-a înșelat. Știe și sora ta știu și soții Moldovan.

-Cum? Soții Moldovan știu? Părinții Tinei?! Dar ce are sula cu prefectura? Ce treabă au ăștia cu... Măi să fie! Află tot satul și eu habar nu am ce se petrece aici în casă...

-Ea și... fandositul ăla, cu filozoful, s-au întâlnit tocmai la hotelul de lângă ei.

-Asta e culmea, tată! O să-l bat măr pe filfizonul ăla! Îl spintec, tată. Să fiu al naibi dacă nu îl fac una cu...

-Nu, nu, te rog! Mici... Ne-a făcut destul de râs mama ta. Să nu ne faci și tu.

-Stai așa, acum chiar că nu te mai înțeleg! De ce să nu-i aplic o cafteală ca să mă țină minte câte zile o mai avea de trăit... Dar... Poate că ai dreptate, tată. Și ce ai de gând să faci? Să nu-mi spui că o lași așa, baltă, toată povestea asta.

-Nu știu. Nu reușesc acum să mă gândesc la nimic. O viață întreagă am luptat pentru lucrurile în care credeam: familia noastră să fie unită și fericită... Acum nu mai văd niciun motiv să continuu. Pur și simplu sunt la capătul puterilor...

-Tu nu te-ai dat bătut niciodată. Te rog, tată, nu spune asta. Trebuie să răzbați. Nu pot să cred că tu care toată viața ai fost atât de...

-Ai dreptate, am fost. La ce bun să mai fiu... Și nimic nu va mai fi ca înainte. Asta e, Mici.

-Hai bătrâne, liniștește-te. Noaptea e un sfetnic bun... îi spune Mici și învârtindu-se pe călcâie iese zâmbind în sine:

„În noaptea asta dorm cum n-am mai dormit de când eram copil. Iar Tina, vede ea cine e Mircea Deleanu. Am să ți-o plătesc, fetițo! Mircea Deleanu e cineva în orașul... Ce în orașul, în țara asta!" își spune el satisfăcut și după ce aruncă hainele peste tot, cum îi e obiceiul, intră sub dușul fierbinte.

* *

Alena nu se dă bătută cu una cu două și a doua zi, cum îl vede singur pe tatăl ei se apropie de el și încearcă să-l înduplece:

-Tată, nu poți continua așa. Nu vezi cum se simte mama?

-Nu vreau să știu nimic. M-am săturat.

-Nu-ți înțeleg atitudinea. Stai acolo fără să-i vorbești...tu într-o parte, ea în alta. Ce Dumnezeu! Doar sunteți oameni cu capul pe umeri amândoi...

-Ei și tu, Alena? Ce crezi că ar trebui să fac? Să mă prefac că nu a fost nimic? Am și eu inimă și mă doare. Să râd și totul să fie ca înainte?

-Nu spune asta. Vorbește-i, tată, revoltă-te, lămuriți-vă...

-Stai puțin, nu te înțeleg! Ce s-a întâmplat? Știi ce mă deranjează? Văd că tocmai tu, care nu te înțelegeai cu ea până acum, culmea, ești de partea ei. De ce insiști?

-Nu sunt de partea ei și nu insist, tată. Voi sunteți părinții mei și vă iubesc pe amândoi. Nu-mi place să vă văd suferind, tu aici și ea dincolo.

-Ea suferă?! Sărăcuța...

-De ce vorbești așa? Tată, te rog din toată inima, fă un efort, insistă Alena.

-Asta am făcut toată viața. Nu mai vreau să mai fac niciun efort, se ridică el și o lăsă pe fiica lui fără replică.

* *

Atmosfera în casa Deleanu e neschimbată, deși au trecut câteva zile. Înainte de culcare, ca de obicei, Alena îi spune noapte bună mamei sale.

-Sunt tare obosită și mă culc mai devreme. Mici e tot în fața calculatorului. Culcă-te mamă și tu și nu mai plânge.

-Sunt tare supărată, Alena. Tatăl tău nu-mi mai vorbește, iar Mici, de asemenea. Au dreptate, m-am purtat ca o prostituată.

-Hai, culcă-te. Nu mai răsuci cuțitul în rană...
-E inutil să mai ascund, așa e. Singurul lucru bun e că te-am regăsit pe tine. M-am gândit zilele astea și mi-am dat seama că n-am fost o mamă înțelegătoare cu tine. De mic i-am ascuns toate prostiile fratelui tău și l-am iubit mai mult decât pe tine, draga mea, se apropie Adriana de fiica ei și o strânge la piept. Numai pe el l-am cocoloșit. Recunosc și regret că am făcut o astfel de diferență între copiii mei. Nici nu știi cât de rău îmi pare...

Adriana plânge, Alena o îmbrățișează și mama o mângâie pe părul care-i cădea ondulat pe spate. Era singurul lucru pe care îl moștenise de la mama ei. Ochii erau căprui ca ai tatălui ei și era la fel de ambițioasă ca acesta. Nimic din ceea ce își propunea nu lăsa nerealizat.

-Voiam să-ți mulțumesc, Alena. Ești singura care nu m-a judecat și care nu s-a purtat cu cruzimi. Ești cea mai bună fiică din lume, draga mea, dragă.

Cuvintele mamei au făcut-o pe Alena să plângă și în seara aceea, abia a reușit să adoarmă.

* *

Mai trecuse o săptămână de chin pentru Adriana și miercuri, la prima oră a dimineții scoate mașina din garaj și se îndreaptă spre locul în care și-a dat prin telefon întâlnire cu profesorul Leo Balea.

Cofetăria era goală, fiind prea devreme. Sigur pe el, profesorul o întâmpină pe doamna directoare, - care de data asta își proteja ochii cu ochelari de soare - plin de bucurie.

-Sărut-mâna, Adriana! Mă bucur că ne vedem în sfârșit!
-Bună ziua, Leo! Te-am chemat să-ți spun că m-am hotărât. Mâine voi depune mărturie la proces.

Cele auzite îl fac pe profesorul Balea să pălească. Simte cum îi tremură picioarele și se așează repede pe scaunul pe care până

atunci o așteptase nerăbdător pe Adriana.
 -Ce spui? Ai înnebunit?
 -Am obosit să mint. Nu pot să mai tac.
 -Dar la tine nu te gândești, la soțul tău, la copiii tăi? Ce se va întâmpla când vei spune că te aflai acolo în hotel cu amantul tău, adică te aflai acolo cu mine.
 -Nu, Leo, m-am hotărât! Nu mai încerca să mă convingi că ești îngrijorat pentru mine.
 -Dar e incredibil ce aud! O să te distrugi cu mâinile tale.
 -Știu ce mă așteaptă... Oricum, nu te-am chemat doar pentru asta. Vreau să vii și tu la proces.
 -Dar este cea mai... Nu, nici prin gând nu-mi trece să...
 Profesorul nu-și mai găsește cuvintele. Nu mai știe ce să creadă, ce să spună.
 -Glumești? Cred că glumești, Adriana...
 -Nu, nu glumesc deloc, Leo. Am vorbit cu sora mea. Ea este avocatul apărării. Mărturia mea e în zadar, dacă nu o confirmi și tu.
 -Nu! Nici nu mă gândesc! Ești nebună?! Vrei să mă umilești in fața tuturor? Vrei să apar in fața tuturor ca un...
 -Dacă nu vrei s-o faci pentru fata aia, fă-o pentru mine. Ai spus că mă iubești. Demonstreaz-o!
 -Așadar, vrei să le spun tuturor că sunt amantul tău și că trebuia să ne întâlnim în camera aia, iar eu am întârziat, pentru că ăsta e adevărul? Când am ajuns, am auzit ceva vorbărie și zgomote dincolo de perete, dar asta nu înseamnă că... E prea de tot, draga mea!
 -Nu cred că-ți cer prea mult, Leo. De alftel, nu riști nimic.
 -Crezi asta? Da, ție ce-ți pasă... Știi ce ar însemna pentru imaginea mea? Sfârșitul.
 -De ce o iei așa în tragic? De fapt, eu sunt cea afectată. Cel mai mult sufăr eu. Ai uitat că sunt căsătorită? Și mai sunt și

directoarea școlii...

—Oo, doamna directoare, lucrurile stau cu totul altfel, Adriana. Sigur, eu voi fi doar ușuraticul care se întâlnește cu doamnele bogate și plictisite.

—Hai să nu mai lungim vorba. Știi, cum se spune? Vorba multă, sărăcia omului! Preferi s-o lași să facă închisoare pe fata aia nevinovată?

—Nu e problema mea! Prefer să mă gândesc la mine. Și la tine, sigur că da...

—Am înțeles. Ești un laș... Îmi faci silă.

—Nu mi s-a părut să-ți fac scârbă când făceam dragoste acasă la tine, se apropie el de ea și o prinde pe după umeri.

—Lasă-mă! Abia acum văd cu cine...

—Ascultă-mă! Dacă mâine depui mărturie, nu mai există cale de întoarcere. Ziarele te vor face cu ou și cu oțet, belissima. Îți dai seama?

—Spune-mi, vii sau nu cu mine la tribunal?

—Nu, frumoasa mea. Nici gând!

—Bine, ai făcut o alegere. Mulțumesc, Leo. Adio! îi spune Adriana și grăbită părăsește cofetăria.

* *

Supărată, Adriana se întoarce acasă și îi spune Alenei că Leo refuză categoric să apară în fața instanței.

Apoi, la masă, deși nu a mâncat din seara trecută, nu se atinge de nimic.

—Te rog, mamă, mănâncă ceva.

—Nu reușesc. Nu mai am nici poftă de mâncare.

—De ce? Ești îngrijorată pentru ce ți-a spus cretinul ăla?

—Nu, trebuia să mă aștept la asta de la unul ca el. O nevinovată riscă să facă închisoare și pe el îl doare-n cot. Nu vrea să depună mărturie pentru că-și strică reputația. Scuză-mă, dar sunt nervoasă din cauza lui și sunt îngrijorată pentru tatăl tău. Aseară nu a venit acasă și nu știu pe unde....

-Liniștește-te și mănâncă ceva. Tata a rămas peste noapte la familia Moldovan.

-Da? De unde știi?

-A dat telefon aseară George. Scuză-mă că nu ți-am spus, dar credeam că dormi și n-am vrut să te trezesc, iar azi când m-am trezit, nu erai acasă.

-Și, ce face tata?

-N-am vorbit cu el, doar cu George, el mi-a spus că tata rămâne acolo. Mi-a spus că e dărâmat.

-Bietul de el! Când mă gândesc cum o să se simtă când o să vorbesc despre Leo la proces în fața tuturor...

-Știu, mamă, dar nu ai altă alternativă.

-Să nu crezi că vreau să dau înapoi. Mă gândeam doar cât va suferi tatăl tău din cauza asta.

-Nu-ți face griji, mamă. Tata va trece și peste asta. E foarte puternic.

-Sper din tot sufletul, Alena. Biata Aurelia! Fetița asta are nevoie de mine. Eu sunt singura care o poate salva. M-am hotărât. O voi ajuta!

-Vreau să-ți spun ceva, mamă. Și eu aș fi făcut același lucru în locul tău. Sunt foarte mândră de tine, îi spune Alena și o îmbrățișează.

* *

Acțiunea penală a fost pusă în mișcare la plângerea prealabilă a persoanei vătămate. Înainte de a începe procesul în care Aurelia Mirea e acuzată de lovirea și vătămarea integrității corporale a lui Dan Baciu, avocata Amelia Damian însoțită de nepoata ei,

Alena, se apropie de ea și îi spune:

-Liniștește-te, Aurelia. Am reușit să găsesc un martor important pentru cauza noastră.

-Vă mulțumesc, doamna avocat!

-E o nouă persoană care va depune mărturie și care te va scoate cu siguranță de aici, adaugă avocata.

-Este vorba de mama, intervine Alena.

-Mama ta?! Doamna directoare Deleanu? Cum să depună mama ta mărturie pentru mine?!

-Foarte simplu, Aurelia. Intră în sală și nu trebuie decât să fii liniștită că totul se va termina cu bine, îi spune avocata Damian și se întoarce spre nepoata ei.

-Mulțumesc, Alena. M-ai ajutat enorm. Bine că ai reușit să o convingi pe verișoara mea să depună mărturie. Vei ajunge în scurt timp un avocat deosebit. Vino să intrăm și noi în sală. Ai vreun proces azi.

-Nu, am venit să fiu alături de voi, răspunde ea și intră amândouă în sala în care se judeca procesul.

„Raportul sexual cu o persoană de sex feminin, prin constrângerea acesteia, sau profitând de imposibilitatea ei de a se apăra ori de a-și exprima voința, se pedepsește cu închisoare de la trei la zece ani", se aude vocea fermă a judecătorului

Culmea e că, Aurelia a fost violată tocmai de cel care a adus-o în fața instanței

-Vreau să vă fac cunoscut că există cineva care vrea să depună mărturie, se adresează instanței de judecată avocata apărării, Amelia Damian.

-E scris pe lista martorilor?

-Nu. Din păcate nu, domnule președinte. Am aflat abia ieri și de aceea cer să se aprobe conform articolului... din Codul Penal ca martorul să fie admis.

-Domnule președinte, se ridică avocatul acuzării, permitețimi să afirm că mi se pare o ciudată coincidență.

-Domnule avocat Ionescu vi se pare că e momentul potrivit să fiți ironic? Avocata vrea să spună că mărturia este definitorie pentru proces.

-Așa este. Această mărturie are o importanță fundamentală, insistă avocata Damian. Martorul s-a aflat într-o cameră la primul etaj, perete în perete cu camera în care a fost violată Aurelia Mirea.

-Martorul se află aici?

-Da.

-Instanța, aprobă cererea. Îmi puteți spune numele?

-Adriana Deleanu, rostește avocata și un murmur cuprinde sala.

* *

Zilele și mai ales nopțile trec greu. Degeaba încearcă Adriana să-l facă să se răzgândească pe soțul ei, Emil nici nu vrea s-o asculte:

-Nici nu mă gândesc! Te înșeli crunt. Și ca să terminăm odată cu... Voi intenta divorț.

-Nu, Emil. Nu cred că asta e o soluție.

-Ce? Mă faci să râd. Nu crezi că asta e soluția?!

-Da, nu intenționez să-ți acord divorțul.

-Cu tot respectul, nu-mi pasă de intențiile tale.

-Ascultă, Emil, chiar nu poți să mă ierți?

-Mi-e imposibil. După tot ce mi-ai făcut?

-A fost un moment de slăbiciune. De ce te încăpățânezi să nu judeci? De ce nu cauți să vezi și partea cealaltă a...

-Fiindcă nici nu mai vreau să vorbesc despre povestea asta. Am luat o hotărâre Adriana și asta va fi, indiferent că vrei tu sau nu.

—Emil, ascultă-mă... Nu poți arunca așa atâția ani de căsnicie... Nu la primul accident.
—Au fost și altele în timp, numai că nu le-am dat importanță. Și, l-ai susținut de atâtea ori pe Mici în toate minciunile și multe altele. Să nu mai discutăm. Are, fiindcă de la bun început, trebuia să înțeleg ce fel de femeie ești. Nu poți face nimic. Înșelăciunea face parte din...
—Tu nu greșești niciodată? Ești perfect?
—Aici nu este vorba de perfecțiune, pe care de fapt nu o atinge absolut nimeni. Aici este vorba despre căsnicia noastră. Eu cred că o relație, trebuie să se bazeze, da, mai ales pe loialitate.
—Ai dreptate. Dar îți amintesc că o relație se construiește în doi. Dacă te-am înșelat...
—Ce vrei să spui? Că e vina mea? întreabă el și fără să mai aștepte răspunsul se îndreaptă spre sufragerie.

Aici, așezat în obișnuitul său fotoliu, cu gândurile care au pus stăpânire pe el, cu amintirile care îl năpădesc, îl găsește fiul său, care intră val-vârtej, așa cum îi e obiceiul.

—Salve, directore! Scuze, domnul e trist sau mi se pare? Bună, tată! Ce faci? Nu aveai întâlnire astăzi cu Manea?
—Dumnezeule, mare! Ai dreptate, Mici. Am uitat complet. Plec imediat.
—O, câtă grabă! E inutil. Prea târziu, îl oprește Mici. Sfertul academic a zburat pe aripile vântului...
—Unde mi-e capul? Trebuia să discutăm despre deșeuri... Și acum? Acum ce mă fac?
—Nu-ți face griji, tată. Se mai întâmplă. Îl suni și fixezi o altă întâlnire.
—Mulțumesc, Mici. Scuză-mă...
—Pentru ce? Nu te scuza. Asta e... Eu te înțeleg perfect. Cu câte ai pe cap... își freacă el mâinile, încântat că tatăl e de partea lui și după ce se întoarce astfel ca să nu fie observat, schițează un

zmbet de mulțumire.

-Nu reușesc să mă concentrez, se plânge tatăl, ferm convis că fiul îl înțelege și îl ajută dezinteresat. E groaznic.

-Ce spui? Uită-te la fiul tău. De ce crezi că sunt eu aici? Ai ghicit. Sunt aici ca să te ajut.

-Tocmai asta mi-a trecut prin gând și sunt sigur că o vei face. Stai jos. Vreau să stăm de vorbă așa ca între bărbați, ca între tată și fiu. Nu cred că am mai făcut-o cândva și acum regret. Toată agitația asta de zi cu zi și lași deoparte ce e mai important... Dar știi cum se spune: mai bine mai târziu decât niciodată! Să nu grăbești să te căsătorești, auzi?!

-Îmi pare rău, bătrâne. Atingi o coardă prea sensibilă.

-Mă uimești, Mici! De ce? Să nu-mi spui că ți-a ieșit în cale femeia visurilor tale și...

-Ce vorbești?! Crezi că nu am altceva mai bun de făcut?! Crezi că-s nebun?! Nici vorbă! Ai dreptate, îi întinde el mâna și când tatăl i-o întinde pe a lui, Mici i-o scutură cu putere. Cu trei ceasuri înainte de a muri e suficient dacă mă însor. Ai dreptate, cine nu are bătrâni să-și cumpere! Căsătoria iese din discuție. Ea vrea ceva serios, dar eu nu sunt pregătit pentru... Nu mă simt în stare.

-Mă faci curios. Cine e?

-Curiozitatea strică la frumusețe... N-are importanță.

-Nu pot să cred, Mici. Ce veste! Fiul meu e... Ești îndrăgostit? îl bate el pe umăr și parcă a mai uitat de durerea ce îl apăsa de atâta vreme.

-Nu știu. Poate că da, poate că nu. Pare banal, dar am învățat că... Știi, cu cât iubești, cu atât suferi mai mult.

-Nicodată o banalitate n-a fost așa adevărată. Dacă n-aș fi ținut atât de tare la mama ta, poate că acum n-aș fi suferit atât de tare.

-Hai, hai, nu dramatiza. Ai încredere în mine. Cred că știu cum să-ți ridic moralul.

-Nu, n-ai cum.

-Stai și ascultă-mă. Nu te grăbi cu urda-n Turda că au fost alții cu caș și nu l-au dat.

-Ia te uită! De câd ai devenit atât de spiritual?

-De azi, de ieri, nu contează. Ce-ar fi să pleci la cabana noastră și să stai acolo un timp, îi șoptește Mici. De fabrică mă ocup eu și tu odihnește-te. E cel mai bun lucru pe care acum trebuie să-l faci. Batem palma? Și, ascultă-mă, nici o vorbă! Să nu afle dumnealor nimic, pentru că se duce totul de râpă, face el semn cu capul spre camera în care e sigur că mama și sora lui sunt iar împreună. Știi cum sunt femeile... Își bagă nasul unde nu le fierbe oala și... Gata, am hotărât, tată. Pleci fără nici un cuvânt. O să fie bine. Ai să vezi.

* *

După terminarea procesului, Alena află de la mătușa ei rezultatul și se întoarce repede acasă. Aici, o găsește pe mama ei plângând.

-Iar plângi? Ce s-a mai întâmplat?

-Nimic, draga mea, nu-ți face griji. Spune-mi despre proces, despre Aurelia.

-A fost achitată.

-Cel puțin asta e o veste bună. Bine că mai sunt și lucruri bune. În ce mă privește, tatăl tău vrea să divorțeze.

-Nu pot să cred. Poate a spus-o într-o clipă de furie. Eu totuși cred că va renunța.

-Asta e părerea ta. Aș vrea să fie așa...

-Îmi pare rău pentru voi. Acum mă simt și mai vinovată. Eu ți-am spus ce a pățit prietena mea și tu ți-ai adus aminte ce s-a întâmplat atunci la hotel și ai depus mărturie...

-Ce legătură ai tu? Eu sunt cea care trebuie să se simtă

vinovată. Mi-am pierdut capul pentru un... și acum plătesc consecințele. Așa îmi trebuie, dacă nu am avut capul pe umeri.

-Vei vedea că se va rezolva cu tata, dar ți-am mai spus, are nevoie de timp.

-Nu-l înțeleg și pace. Ce soluție e divorțul? Atâția ani împreună. Copii, amintiri... Chiar poate să arunce totul așa, fără să gândească?

-Cel puțin a ajutat la ceva mărturia ta, mamă.

-Vezi, draga mea?! Mă decid și eu o dată în viață să fac o faptă bună și...

-Ai făcut un lucru nemaipomenit. Ți-ai regăsit o fiică, îi spune Alena și o îmbrățișează. Te iubesc, mamă. Ești minunată.

* *

Sus, la etajul frumoasei vile, acolo unde se află apartamentul părinților, Mici deschide ușa camerei și îl vede pe tatăl său care își face bagajul.

-Ce bine că ai apărut! Intră, Mici! Vreau să vorbesc neapărat cu tine...

-Mi-a spus mama că pleci. Ai găsit un apartament?

-Nu. Deocamdată voi aranja o cameră și baia din casa veche, casa bunicilor tăi, aceea în care m-am născut.

-E suficient pentru tine. Ideea e genială!

- Acum merg la cabana noastră câteva zile.

-Foarte bine, tată, te-am sfătuit bine.

-Da, important e să plec de aici. Asta e și va fi casa mamei tale. Eu am terminat-o cu ea pentru totdeauna.

-Știu că n-ar trebui să mă bag, dar n-am mai văzut-o pe mama atât de distrusă. Cred că îi pare rău pentru tot ce a făcut. Nu crezi că ar trebui totuși...

-Mici, nu asta e problema, nu o iau ca pe o chestiune de

onoare. „Gestul" ei a declanșat o criză care exista de mulți ani.

—Nu e nici prima, nici ultima. M-am mai gândit și eu...Tată, nu-i așa drastic!

—Sunt doar realist. Eu și mama ta stăteam împreună din obișnuință și ceea ce s-a întâmplat m-a trezit la realitate.

—Nu înțeleg de ce trebuie să pleci? Casa e mare, putem să facem unele mini transformări. Știi, mi-a venit o idee, și eu aș vrea o intrare separată...

—Nu, Mici, am nevoie de ceva drastic.

—Ești hotărât, tată? Excluzi orice posibilitate de a te împăca cu mama?

—Categoric, Mici! Dacă relația noastră n-a mers până acum, chiar nu văd cum s-ar mai putea schimba cu timpul.

—Poate se va schimba mama în viitor.

—În viitor... Știu că e greu de acceptat, dar nici mie nu mi-e ușor, crede-mă...

—Te înțeleg, dar sunt plin de contradicții. Ca fiu, aș vrea să vă împăcați, dar ca bărbat, să știi tată că, aș face același lucru, sare Mircea în extrema cealaltă, gata de atac.

Privește în jur, nu mai intrase de mult în domitorul lor și când dă cu ochii de fotografia părinților zâmbește. Îl prinde pe tatăl său pe după umeri și îi arată fotografia de pe noptieră, acolo unde, pe malul mării, părinții lui erau tare îndrăgostiți:

—Numai că aceste amintiri... îi șoptește el.

—În ciuda acestui gen de amintiri, prefer să plec, îi replică el. Ai tu grijă de fabrică în zilele acestea, eu am altele pe cap și crede-mă, am destule.

—Stai liniștit. Apropo, nu e momentul, dar a sunat Miron mai devreme. Nu știu despre ce e vorba.

—Da, da... M-a căutat de dimineață... Am uitat.

—Vezi?

—Ce voia?

-Mi-a spus că firma aceea care se ocupă cu ridicarea deșeurilor a mărit prețul.

-Și? Ce vrei să faci? Sunt reziduri foarte toxice. Ei sunt singurii din zonă și profită. Ăsta e adevărul. Ai altă alternativă?

-Vorbim de-o viață... Să facem și noi ca cei de la „Marchim", tată, să punem la punct o stație de epurare de tip A. Costă câteva miliarde, tată.

-Ai perfectă dreptate și în câțiva ani amortizăm investiția. Te-ai uitat pe bilanțuri? În fiecare an această problemă costă zeci și zeci de milioane. N-am chef acum. Vorbim altădată. Deocamdată fă ca până acum. Contactează-i și plătește cât trebuie plătit. Bine?

-Cum vrei, tată... Bine, facem așa cum spui tu.

* *

Cu geamantanul în mână, Emil Deleanu este obligat să traverseze sufrageria pentru a ajunge la ușa dinspre curte. Așezată într-un fotoliu, Alena citește o carte și îl privește uimită când îl vede gata de plecare.

-Bună, iubito! Ce citești?

-Am găsit-o printre cărțile tale, tată. Nu pot s-o las din mână atât de mult mă atrage...

-A Sienkiewicz, se apleacă el și citește pe copertă. Bună carte. Și mie mi-a plăcut.

-Aflu numai lucruri noi despre tine. Văd că nu citești doar bilanțurile de la firmă și...

-Nu. Mi-a dăruit-o cineva anul trecut. Voia să redescopăr cititul. Pot să stau puțin?

-Chiar te rog. Vino încoace...

-Trebuie să-ți spun ceva, Alena. Plec. Mă mut.

-Te-ai hotărât?

-Eu și mama ta am înțeles că nu mai putem locui împreună.
-Nu pleca tată. Te poți muta în altă parte a casei, e așa de mare, sunt atâtea camere.
-Încearcă să înțelegi. Aici fiecare lucru îmi amintește de mama ta și de eșecul căsniciei noastre.
-La mine și la Mici nu te gândești? Știi ce mult te iubim...
-Și eu vă iubesc, dar sunteți mari și vă puteți descurca și singuri. Și-apoi, fii liniștită, nu plec departe. O jumătate de oră și sunteți la casa bunicilor. Puteți veni oricând la mine. Nu veți duce lipsă de nimic, puteți să fiți siguri de asta. Și cine știe, poate cu timpul, vă mutați și voi acolo. E mai multă liniște și de aer curat să nu mai vorbim.
-Nu va fi același lucru, tată.
-Nu se va schimba nimic între noi. Ne putem vedea de câte ori vrem iar voi, să știți, sunteți tot ce am mai de preț în lume.

* *

Aproape de miezul nopții, Alena ajunge acasă. Mama ei nu doarme. O așteaptă pe terasă.
-Ce bine că ești aici.
-Bună, mamă!
-Tatăl tău... Am descoperit că nu a venit să doarmă acasă. M-am uitat în cameră și patul e neatins.
-Ai sunat la birou?
-Nu l-au văzut. Sunt așa îngrijorată. N-aș vrea să fi avut un accident.
-Nu, probabil s-a hotărât în ultima clipă să nu vină acasă. N-a sunat ca să nu ne trezească.
-Nu-ți amintești când a rămas la familia Moldovan?
-Exact, atunci a sunat.
-Nu s-a întâmplat să nu anunțe. Eu chem poliția.

-Calmează-te, nu te agita, îi spune Mici care își face și el apariția. De ce să chemi poliția, mamă? Ce naiba, doar nu e un copil. Tata știe să aibă grijă de el. Și încă cum...
-Poți să fii serios măcar o dată? Știi cumva unde e?
-Sigur că știu, doar nu vorbesc în necunoștiință de cauză. L-am sfătuit să-și ia câteva zile libere. Avea nevoie.
-Unde s-a dus?
-La munte. La cabana noastră.
-De ce trebuia să fugă așa, ca un hoț? Nu trebuia să ceară voie ci doar să anunțe.
-Dacă vrei să știi, a plecat ca să stea liniștit. Departe de bârfele orașului și, mai ales, de companii indesirabile.

* *

După câteva zile directorul Emil Deleanu se întoarce de la munte. Văzându-l trist, Alena se așează lângă tatăl ei.
-Fratele meu o să mă surprindă mereu. Când l-am întrebat mi-a spus că Tina este doar un mod plăcut pentru aș pierde timpul.
-Ce-i cu tine Alena? Te credeam... Amândoi sunt maturi și vaccinați. Nu e treaba noastră să-i judecăm.
-Îmi pare rău tată. M-ai înțeles greșit Nu-i judec. Dar vreau să-ți mai spun ceva.
-Spune. Știi că eu întotdeauna dacă pot îți dau un sfat, dacă nu...
-M-am gândit că Eugen ar trebui să știe și l-am sunat. Așa mi s-a părut corect. Oricum, nu era acasă.
-Nu te băga unde nu-ți fierbe oala. Uneori, e bine să lași oamenii să-și urmeze drumul. E inutil să ne agățăm de ceva ce nu mai există. Tu și Eugen v-ați despărțit și nu trebuie să te mai intereseze ce face el. Știu că e greu, dar trebuie să privești

adevărul în față, pentru că iluziile se plătesc scump, foarte scump, draga mea.
-Tată, vreau să-i spun doar că această Tina nu merită încrederea lui.
-N-ai dreptate. Nu, cred că e ceva greșit. Ți-ar plăcea să intri într-un joc al rivalităților, al minciunilor? De ce nu încerci să dai pagina și s-o iei de la capăt? Nu uita că eu îți sunt alături și chiar dacă am probleme cu mama, voi fi mereu alături de tine.
-Am înțeles. Așa e. Îți mulțumesc, tată.
Cuvintele tătăliui său o pun pe Alena pe gânduri. Telefonul îi întrerupe. Alena ridică receptorul.

* *

Directorul Deleanu, ajunge acasă de la boirou destul de târziu. După ce își lasă geanta diplomat în hol, se îndreaptă spre sufragerie unde, fiul său, cu paharul în mână, citește ziarul fără să-l observe.
Se așează și el în fotoliul alăturat.
-Bună, Mici.
-Bună, tată.
-Ia te uită! Ați venit și voi acasă la timp?
-Vino, Alena. Stai jos. Vreau să vorbesc cu voi. Ultimul lucru pe care l-aș fi vrut în viața mea era să nu vă fac să suferiți. Și totuși, știți ce se întâmplă în familia noastră.
-Da, cum să nu știm. Cred că nu-i un secret pentru nimeni și ne pare tare rău pentru tine tată, sare în apărarea lui Mircea.
-Știu că voi îmi sunteți alături și vă mulțumesc. Dar simt că n-am puterea să mai continuu astfel și m-am hotărât să cer divorțul.
În timp ce ochii Alenei se umplu de lacrimi, Mircea îl aprobă:
-Și eu aș fi făcut exact ca tine, tată. Hotărârea ta mi se pare

corectă.

-Cum poți să fii atât de dur, Mici? Înțeleg ceea ce simți tată, dar nu vrei să te mai gândești puțin? îl întreabă Alena.

-Crede-mă, draga mea, m-am gândit mult înainte să iau această hotărâre.

-Ce se va întâmpla cu familia noastră, tată?

-Fii liniștită, Alena. Și eu și mama voastră vă vom iubi la fel ca până acum.

-Și tu? Ce-o să faci? O să pleci?

-Cred că da. Dar oricând veți avea nevoie de mine eu vă voi ajuta.

În sufragerie intră Adriana.

-Ce bine că sunteți toți. Vreau să vorbesc cu voi. În seara asta, are loc decernarea premiului asociației mele cu femeile.

-Mamă, nu cred că e cazul... îi replică Mici.

-Ce e?

-Tata ne vorbea despre altceva.

-Îmi închipui despre ce.

-Dacă nu te superi, Adriana, aș vrea să termin cu ceea ce am început.

-Bine. Aș vrea doar să vii cu mine Emil în seara asta, chiar dacă va fi pentru ultima oară.

-Cum poți să-mi ceri așa ceva într-un asemenea moment?

-Te rog în fața copiilor. Țin foarte mult la asta. Te rog, îmi închipui cum te simți, dar îmi doresc să fii cu mine.

Emil o privește lung.

-E inutil să ne prefacem că suntem o pereche unită.

-Te rog, îți cer doar puțin timp. Vei vedea că voi reuși să mă fac iertată. De ce nu vrei să mă înțelegi?

-Nu e nimic de înțeles. După cum au decurs lucrurile nu mai putem aștepta. Trebuie să ne despărțim imediat.

-Nu suport situația asta. Nu se poate...

-Știu că ți-e greu să accepți, tu care găsești un remediu la toate... Dar uneori, se întâmplă lucruri ce nu pot fi reparate. Chiar mâine voi vorbi cu un avocat. Și ar fi bine să faci la fel.

-Cum poți spune asta. Ți-am cerut scuze în toate felurile. Știu că am făcut o greșală mare, dar te rog să te mai gândești. Nu putem arunca atâția ani din viața noastră!

-Nu Adriana, nu eu sunt responsabil de ceea ce s-a întâmplat între noi.

-De ce ești atât de... Ce se va alege de tot ce-am construit împreună? Casa asta frumoasă, familia noastră...

-E prea târziu. La asta trebuia să te gândești înainte de a face ceea ce ai făcut. Liniștește-te! Nu intenționez să te gonesc din frumoasa ta vilă. O să plec eu, fii liniștită.

Ea își privește fiul, pe care l-a scos de atâtea ori din numeroasele prostii făcute, ca și cum i-ar cere ajutorul.

-Ce e mamă? Scuză-mă, mereu am fost complici, dar acum nu știu cum să te ajut. Problema asta trebuie s-o rezolvi tu și tata. Noi copiii voștri nu putem face nimic, îmi pare rău, îi spune Mici și părăsește sufrageria.

-Așa este. Ai dreptate, fiule. Din păcate, nimeni nu mă poate ajuta.

Văzând că soțul ei citește ziarul lăsat deoparte de Mici, Adriana se îndreaptă spre bucătărie, de unde se întoarce peste câteva minute cu tava pe care erau două cești cu cafea.

-Emil, vrei o cafea?

-Nu, mulțumesc.

-Chiar nu mă poți ierta? Nu cred că divorțul ar...

-Te înșeli crunt, Adriana. Voi intenta divorț.

* *

Ziua începe la „Curcubeu" ca de obicei. Fiecare își vede de

treabă.
 -Mici, unde e foarfeca?
 -E în primul sertar.
 Căutând foarfeca, Tina exclamă:
 -Ia te uită! Păstrăm și fotografia.
 -Ce-i așa ciudat!
 -Nu. Nimic. A trecut atâta timp, credeam că nu te mai gândești la...
 -Sunt doar amintiri. Nu trebuie să fii geloasă.
 -Era pură curiozitate.
 -Nu sunt prea convins.
 -Nu sunt geloasă, n-am de ce să mă tem...
 -Înfumurată, dar simpatică, Tina mea.
 Mici ia fotografia, o rupe și o aruncă în coș.
 -Mulțumită? o întreabă el și după ce o îmbrățișează, o sărută lung și pătimaș.
 -Mici, avem mult de lucru.
 -Tocmai ți-am arătat că însemni mult pentru mine iubito. Mă iubești și tu, hai iubito, recunoaște...
 Se apropie din nou de ea și o ridică în brațe, apoi se așează pe canapea, dar ea îi opune rezistență.
 -Ce ai, Tina?
 -Trebuie să ne apucăm de lucru.
 -Relaxează-te, nu-i nicio grabă.
 -Mici, te rog...
 -De ce ești așa nervoasă?
 -Nu-mi convine situația asta. Mă simt vinovată față de Eugen. E o situație ambiguă.
 -Atunci, lasă-l. De ce-ți faci atâtea probleme, Tina, draga mea?
 -De ce?
 -Pentru mine?

-Crezi că avem un viitor împreună?
-Cu Eugen, ai?
-Da, cu el, sigur că am. La început, a fost un joc, dar acum, e ceva serios.
-Nu pare. Crede-mă.
-De aceea mă simt așa.
-Te credeam mai fără prejudecăți, dar ești ca toate celelalte. Te gândești doar la dragostea cea mare.
-Poate-i adevărat. M-am schimbat. Am nevoie de certitudini. Și am impresia că tu nu mi le poți da.

Fără să mai aștepte reacția lui Mici, ea deschide ușa, se ridică și pleacă. Ajunge la școală și se apropie de cabinetul Dariei, dar o vede pe sora ei care iese dintr-o clasă.

-Bună, Daria.
-Bună, Tina. Ce faci pe aici?
-Te căutam. Ești în pauză?
-Da, am cinci minute. Te simți rău?
-Stăm puțin de vorbă?
-Da.
-Numai tu îmi poți da un sfat. Sunt așa derutată...
-Eterna poveste! Îmi imaginez că o să-mi vorbești despre Mici și despre Eugen.
-Da. Îți amintești că mi-a spus să aleg?
-Și ai ales?
-Nu și acum sunt și mai dezorientată. O să-i pierd pe amândoi. Ce să fac?
-Să alegi.
-Pe cine?
-Dacă vrei sfatul meu, pe Eugen. Este o persoană dulce și sinceră.
-Da, e adevărat. Dar Mici? E de ajuns să se apropie de mine și îmi pierd capul. E ca o boală.

-Te înțeleg. Și eu am trecut prin asemenea situații. Și faptul că acum ești în criză, crede-mă că e numai vina ta. Înseamnă că nu ești gata să iei o hotărâre. Trebuie să-l alegi pe unul și să renunți la celălalt. Și nu e așa de ușor. Știu. Te face să suferi.

Tina ascultă ce-i spune Daria și oftează.

-Tina, Daria! Mă bucur că v-am întâlnit, se apropie de ele profesoara de limba franceză.

* *

Dimineața, Tina se așează la masă lângă Daria, care servește micul dejun.

-Am o vagă bănuială că vrei să-mi ceri ceva.

-Exact.

-E ce cred eu? Tot Mici și Eugen?

-Spune-mi ceva sau înnebunesc.

-Îți spun pentru a nu știu câta oară, lasă-l pe Mici și liniștește-ți sufletul. N-ai spus că n-o să fii fericită cu el?

-E de ajuns să se apropie că mă cuprind fiorii surioară.

-Un motiv în plus să stai departe de el.

-Cum să fac? Lucrăm împreună.

-Lansează-te pe cont propriu. Tu ai creat linia lacuri și vopsele și a avut succes. Poți oricând să ai propria ta afacere. Poți lucra singură foarte bine. El are nevoie de tine, nu invers.

-Ar fi frumos, dar nu am fondurile necesare.

-Nu ești asociată cu el? Cere-i lichidarea părții tale și așa ai rezolvat și problema asta.

-Știi că nu m-am gândit? Scuză-mă puțin. Da. Bună, Eugen, spune... Sigur, dar ce s-a întâmplat? Bine! Pa!

-E totul în regulă?

-Nu știu. Era Eugen. Mi-a spus că vrea să mă vadă neapărat. Avea o voce... Oare ce s-a întâmplat?

* *

Acasă, după ce s-a îmbrăcat, Adriana se privește în oglindă. Ultimele luni au schimbat-o mult.

Pentru anumite suflete, curajul apare numai în anumite situații. Să te salvezi tocmai prin ceea ce te-a pierdut, ăsta e meșteșugul oamenilor tari.

„Cu cât fericirea ne părăsește, cu atât inima trebuie să fie mai curajoasă", își spune ea, și mai dă o dată cu piaptănul prin păr, apoi își perie sprâncenele.

-Bună, mamă! Se poate? Te deranjez?

-Intră! Chiar voiam să te văd, Alena.

-Ți-am adus o scrisoare. Era jos în cutia de poștă

-Mulțumesc. Stai puțin cu mine...

-Ce faci? Ai reușit să vorbești cu tata?

-A fost imposibil. Nu știu cum să fac, tatăl tău nu mă ascultă, nu-mi vorbește. Mi-a dat de înțeles foarte clar că nu vrea să mai știe de mine.

-Nu se poate, mamă! Tata încă te mai iubește mult, altfel n-ar suferi așa.

-Dar l-am dezamăgit profund.

-Toți greșim în viață, mamă. Sunt sigură că, până la urmă, el va înțelege.

-Nu știu. Mi se pare un alt om. E închis în el, trist. S-a hotărât să trăiască fără mine și nu se va răzgândi. Mi-e teamă că-l voi pierde.

-Iartă-mă că-ți spun, dar și tu pari de nerecunoscut. De obicei, nu te dai bătută. Mamă, la ce te gândești? Mă asculți?

-În toată povestea asta, am înțeles ceva: Emil e prea important pentru mine. Nu vreau să-l pierd.

-Atunci stați amândoi de vorbă și poate se rezolvă totul.

Adriana coboară în sufragerie și îl găsește pe soțul ei gata de plecare.

-Bună, Emil! Am auzit că pleci. Afaceri neprevăzute?

-Nu, m-am hotărât să plec azi.

-Ce?

-Relația noastră a fost un adevărat blestem. Asta mă rănește și mai mult. Dacă te-ai fi îndrăgostit de altul poate aș fi acceptat mai ușor.

-Nu mă poți condamna pentru un moment de slăbiciune.

-Nu pe tine te condamn, ci mariajul nostru. Se terminase de mult și eu nu mi-am dat seama.

-Nu-i adevărat, Emil, eu te iubesc!

-În ultimul timp evitai și cel mai nesemnificativ gest de iubire, cum poți spune acum că mă iubești?

-Așa sunt făcută. Nu știu să-mi arăt sentimentele, e peste puterile mele. Te rog, nu pleca. O să învăț să-ți arăt cât te iubesc... Prin gesturi, cuvinte... Vei vedea, mă voi schimba.

-Acum? Dacă n-ai învățat în douăzeci și cinci de ani, m-aș mira să mai înveți. Ne-am ignorat atâția ani, am trăit împreună în aceeași casă, dar fiecare cu viața lui, cu munca lui și nu din vina mea.

-Promit să încep o viață nouă, vom fi din nou soț și soție, de data asta, cu adevărat.

-S-a rupt ceva în mine, Adriana, nu mai am puterea să cred în nimic.

-Dacă nu vrei s-o faci pentru mine, Emil, atunci fă-o pentru copiii noștri.

-Nu mai sunt mici, vor înțelege. Nu-i abandonez, voi fi mereu lângă copiii mei. Vreau să stau departe de tine, îi spune el și pleacă.

Nervoasă că planul ei a dat greș și de data asta, Adriana își aprinde o țigară. Mici o vede și o întreabă:

-Ce e mamă? N-a acceptat? Îți spun eu că e inutil să salvăm aparențele.

-Ce-mi pasă mie de aparențe! Nu vreau să-l pierd pe tatăl

tău, Mici.

-Nu puteai să te gândești mai devreme?

-Ai dreptate... Îmi dau seama că nu pot fără el. Vorbește cu el! Vrea să plece chiar azi.

-Dacă nu l-ai convins tu, cum s-o fac eu?

-Îmi poartă pică și nu mă ascultă. Sunt sigură că dacă depășim criza, vom fi uniți ca înainte. Ba mai mult. Fă-o pentru mine. Încearcă, cel puțin.

-Bine, chiar dacă sincer îți spun, eu cred că nu va servi la nimic. O să încerc.

-Mulțumesc.

Mici se îndreaptă spre camera în care tatăl său a început să-și facă bagajul.

-Intră! Voiam să vorbesc cu tine...

-Mi-a spus mama că pleci.

-Deocamdată mă duc așa cum ți-am spus în casa părinții mei.

-O idee bună! Tot la tine acasă ești.

-Important e să plec de aici. Asta e și va fi mereu casa Adrianei. Eu am terminat-o cu ea.

-Știu că n-ar trebui să mă bag, dar n-am mai văzut-o pe mama atât de distrusă. Cred că se căiește pentru tot ce-a făcut.

-Sunt doar realist. Eu și mama ta stăteam împreună din obișnuință și ceea ce s-a întâmplat m-a trezit la realitate.

-Nu înțeleg de ce trebuie să pleci. Casa e mare, ai putea lua camerele din spate, intri pe la mine...

-Nu, am nevoie de ceva drastic.

-Excluzi orice posibilitate de a te împăca cu mama?

-Dacă relația noastră n-a mers până acum nu văd cum s-ar putea schimba cu timpul.

-Poate se va schimba mama în viitor.

-Știu că e greu de acceptat, dar nici mie nu mi-e ușor, crede-mă...

-Te înțeleg, dar sunt plin de contradicții. Ca fiu, aș vrea să vă împăcați dar ca bărbat, aș face același lucru.

Emil Deleanu, condus de Alena și de Mici coboară în curte și își pune bagajele în mașină. De la fereastra camerei Adriana îl urmărește de după perdele.

-De acum înainte, ca să luăm micul dejun împreună, trebuie să ne vedem în casa bunicilor.

-Nu-i o idee rea. Vă aștept oricând doriți să veniți.

-La revedere, tată! îi spune Mici.

-La revedere, tată! îi spune și Alena și îl mai îmbrățișează o dată.

-La revedere! Curaj, Alena, îi spune el și pleacă.

Adriana iese pe balcon și urmărește mașina până o pierde din vedere. Apoi, se sprijină de perete și plânge.

* *

În casa Deleanu atmosfera e tot mai încărcată. Adriana se îndoapă cu tranchilizante, dar a rămas la fel de artăgoasă și când e trează toate le face pe dos. Mici o vede pe terasă și se apropie de ea:

-Bună, mamă! Ce-i mirosul ăsta!

-S-a vărsat borcanul. Cum de ai venit la prânz? Ce-i cu tine? Ce s-a întâmplat? Ai o față...

-Nu mai sunt asociat cu Tina.

-Mi se pare o veste bună.

-Nu sunt de aceeași părere cu tine. Societatea noastră mergea foarte bine.

-Fata asta a fost mereu ambițioasă. Pe una ca ea e mai bine s-o pierzi decât s-o ai în preajmă. Ai un adevărat noroc că s-a dat la o parte.

-De ce spui asta? Mereu mi-a fost loială. Dacă s-a ajuns aici e numai vina mea. N-am pus-o în valoare așa cum trebuia.

-Nu trebuie să ai remușcări. S-a purtat bine fiindcă îi convenea. Sunt sigură că firma va merge bine și fără ea. Nu mai fi îngrijorat, te vei descurca foarte bine și singur.

* *

Directorul Deleanu trece pe acasă după un contract lăsat în birou.

-Tată, bine ai venit!
-Bună!
-Ce faci?
-Supraviețuiesc. Am venit să iau mapa cu aceste acte.
-Bei o cafea?
-Nu, mulțumesc. Ai auzit ce a făcut fratele tău?
-Nu, am fost plecată din oraș. Am avut un proces tocmai la Oradea.
-Mai bine așa. A fost un spectacol neplăcut.
-De ce, tati, ce s-a întâmplat?
-Fratele tău a dat ce-i mai rău din el. S-a certat cu fata prietenului meu George Moldovan, cu Tina și a fost de acord ca ea să nu-i mai fie asociat. Nu știu dacă îți dai seama... Nu face nimic cum trebuie... E un prost, asta e. Mereu am spus-o... E înfumurat și arogant ca mama ta.
-Nu mai vorbi așa. Dac-ai fi văzut-o azi dimineață.
-Ce s-a întâmplat.
-Mama e foarte deprimată. Nu-ți ascund că mă îngrijorează. Mi-e teamă să nu facă vreo prostie.
-A făcut-o deja, mare cât casa. O femeie ca ea să se complice cu un imbecil precum Leo. Ar putea să fie fiul ei.
-Încetează! Nu poți continua să trăiești așa, tată.
-Ai dreptate, acum, trebuie să mă gândesc doar la mine. Cred

că am dreptul după tot ce s-a întâmplat.

-Sigur, dar nu văd de ce trebuie să lași totul pe mâna unui avocat. Ți-am spus că mama nu se simte bine, de ce vrei să sufere și mai mult? insistă Alena.

-Își va reveni repede. E o femeie puternică dacă vrea.

-Nu sunt sigură. Nu vrea să reacționeze. Te asigur. Nu vreau să te judec, dar mama suferă mult. Mai gândește-te.

Toma Dragnea își îmbrățișează fiica și urcă scările spre camera Adrianei, pe care o găsește fumând în fața unei scrumiere plină cu mucuri de țigară. Nefardată, cu cearcăne sub ochi, era de nerecunoscut.

-Bună! Ce faci?

-Sunt puțin obosită. Mă bucur că te văd!

-N-ar trebui să fumezi așa de mult. Îți face rău.

-Pentru asta ești aici? Îți faci griji pentru mine?

-Voiam să-ți spun că întâlnirea cu avocatul e confirmată. Ar fi cazul să mergem împreună, dacă nu te deranjează.

-Nu, cum dorești, răspunde ea și izbucnește în plâns.

-Am spus ceva deplasat?

-Speram ca întâlnirea cu avocatul să se fi anulat.

-Din ce motiv? Totul e hotărât... Cu cât terminăm mai repede cu atât e mai bine pentru amândoi.

-Poate pentru tine. Eu nu gândesc așa, îi spune Adriana și își șterge din nou lacrimile.

-Ce? Scutește-mă de scenele astea melodramatice.

-Mi-am bătut joc de demnitatea mea într-o cameră de hotel. Ca să te recapăt sunt în stare de orice sacrificiu.

-Dacă vrei, putem vorbi în liniște. Bem un ceai în sufragerie și luăm totul pe îndelete. Înainte, vreau să te văd machiată și aranjată, ca întotdeauna. Asta-i condiția mea.

-Bine... Sunt gata imediat.

-Te aștept jos.

După câteva minute, Adriana coboară, fardată și aranjată ca de obicei.

-Nu-ți ascund faptul că mi-a făcut rău felul în care te-am găsit, îi spune Emil.

-Sunt tare supărată, te rog să mă crezi, Emil.

-Știu că e o perioadă grea, dar te rog să reacționezi. În felul acesta nu faci decât să înrăutățești lucrurile.

-Nu pot să trăiesc fără tine.

-Bine... Ștergeți lacrimile.

-Zilele trecute am făcut o plimbare prin grădină și m-am oprit să privesc cireșul pe care l-am plantat amândoi, când s-a născut Mici. Mi-au revenit amintirile și deoadată, am înțeles că am pierdut totul. Asta mă face să înnebunesc, izbucnește ea din nou în plâns.

-Adriana, te rog...

-Chiar nu poți să mă ierți?

-Am luat o hotărâre și să nu crezi că mi-a fost ușor. Te rog, ai puțin respect pentru alegerea mea.

-Te respect, dar te implor să-mi mai dai o șansă.

-Din păcate, ai comis cea mai mare greșală. M-ai înșelat, m-ai mințit și asta nu pot să accept. Chiar nu înțelegi?

-Eu aș putea să te întreb asta.

-Ce spui?

-Când o femeie ajunge să-și implore bărbatul, înseamnă că-l iubește mai mult decât orice pe lume. Cum de ești atât de orb încât să nu-ți dai seama de ceva atât de evident?

* *

Trecutul este o parte din noi înșine, cea mai importantă parte. Valul care ne poartă, seva care ne dă viață, ne vin din trecut. Ce-ar fi oare un copac fără rădăcină? Ce-ar fi fluviul fără izvor?

Toate lucrurile care sunt pline de amintiri degajă o visare care te îmbată şi care te face să mergi rătăcind mult timp.

Cerul pe care-l vedem nu-i prezent, el este trecut. Cerul actual ne este necunoscut; noi n-avem în faţa ochilor decât ieri, un ieri care pentru anumite stele datează de milioane de ani. Există un spectacol mai mare decât întinsul mării: cerul. Există un spectacol mai mare decât cerul: sufletul omenesc.

Fiecare om în noaptea sa merge spre lumină. A doua natură se contopeşte cu prima. Mereu acelaşi lujer, dar cu o altă floare. Sufletul are iluzii aşa cum pasărea are aripi; este ceea ce îl susţine.

Era pentru prima dată când Adriana o ascultă pe fiica ei şi cu speranţa că totul va fi bine se îmbracă şi se merge la psiholog.

-E prima dată când veniţi la psiholog?

-Da.

-Vă rog, luaţi loc. Staţi liniştită şi relaxaţi-vă. Nu e nimic altceva decât o discuţie între prietene. Despre ce vreţi să-mi vorbiţi? Despre ceva ce v-a marcat, un gând, o imagine...

-Nu ştiu...

-Profesoara Daria Moldovan este prietena mea şi mi-a spus că treceţi printr-un moment dificil, că aveţi probleme în familie.

-Da, este adevărat. La vârsta mea nu e uşor să înfrunţi o asemenea situaţie.

-Ce situaţie?

-Divorţul... Am senzaţia că am greşit totul şi că nu pot face nimic pentru a remedia.

-Îmi imaginez că nu e vorba de o despărţire de comun acord. Cine s-a hotărât, dumneavoastră sau soţul?

-Soţul meu.

-Pot să ştiu de ce?

-Am avut o relaţie scurtă cu un alt bărbat. El nu m-a iertat. Dar nu e doar asta... Soţul meu mă acuză că nu l-am iubit, a ajuns să-mi spună că m-am căsătorit cu el din interes. după douăzeci şi

cinci de ani de căsnicie...
 -Nu s-a mai întâmplat? Soțul nu v-a mai spus și altă dată acest lucru?
 -Nu, niciodată.
 -Cum vă explicați că s-a întâmplat tocmai acum?
 -Nu știu... Pot să plâng, să disper, să mă arunc la picioarele lui, nu ajută la nimic. În ochii lui sunt doar o mincinoasă și o ipocrită.
 -Voi fi cinstită cu dumneavoastră. Nu cred că problema e relația clandestină ce ați avut-o. Fără nicio îndoială, există ceva nerezolvat între voi. Ceva de demult. Altfel nu se explică atâta duritate din partea lui... Poate de acolo trebuie să plecăm, de la căsătoria dumneavoastră sau chiar mai dinainte... Vă simțiți în stare?
 Adriana începe să-i povestească psihologului despre anii de liceu.
 -Îmi povesteați de la optsprezece ani... Se pare că a fost o perioadă fericită.
 -Familia mea era cea mai importantă din oraș, continuă Adriana. Eram bogată, curtată și aveam o mulțime de vise.
 -Ce s-a întâmplat?
 -Într-o zi tata se hotărâse să investească o parte din bani. Îmi amintesc... Era foarte fericit. Credea că va fi afacerea vieții lui, dar a ajuns pe mâinile unor oameni fără scrupule și în câteva luni a ajuns la ruină. Era un bărbat orgolios, n-a spus nimănui. A ținut totul în el, până la sfârșit... Până când...
 -Până când? Ce i s-a întâmplat tatălui dumneavoastră?
 -S-a sinucis. Mă dusesem să-i dau bună-dimineața înainte de a pleca la școală. Am bătut la ușă ca în toate diminețile, dar el nu a răspuns. Atunci, am intrat. Era acolo, prăbușit pe birou într-o baltă de sânge. Se omorâse ca un laș și m-a lăsat singură. Complet ruinată.

-Nu l-ați iertat?

-Mi-e rușine să spun, dar l-am urât pentru ce-a făcut. Și îl urăsc și acum... Îl urăsc! Apoi, l-am cunoscut pe Emil, soțul meu. Era la începutul activității, era plin de entuziasm și eu aveam atâta nevoie să mă bazez pe cineva... Așa că l-am luat de bărbat. Nu știu dacă în alte circumstanțe aș fi făcut-o. Eram atât de diferiți și el știa. Mă iubea așa mult... Mă făcea să simt că putea să-mi dea tot ce nu mai aveam. Îl iubesc, avem doi copii, am fost fericiți împreună. Poate n-a fost așa la început, dar cu timpul am învățat să-l iubesc.

-Vă cred, dar căsătoria voastră, cel puțin la început, n-a fost din dragoste. Amândoi o știați și atâția ani, ați îndepărtat problema fără s-o rezolvați. Acum, a explodat.

-Ce trebuie să fac?

-Din păcate, asta nu vă pot spune eu. Dar nu renunțând la viață veți rezolva problema.

* *

Ca să se răzbune pe prietenii soțului ei, familia Moldovan, pentru că Tina fiica lor nu mai era asociată la "Curcubeu", Adriana a hotărât împreună cu Mici să îi anunțe că vor să vândă casa în care ei locuiau de peste douăzeci de ani cu chirie. Casa a aparținut bunicilor lui Emil, pe care acesta i-a promis fiului său că i-o va lăsa moștenire.

Momentul s-a ivit, chiar a doua zi după discuția Adrianei cu fiul ei.

-Alo. Bună, Adriana! Ce mai faci?

-Bună, Mioara. Nu făceam nimic deosebit.

-Voiam să vorbesc cu tine în legătură cu chiria imobilului.

-Nu cu mine, pentru asta, trebuie să vorbești cu Emil.

-El mi-a spus că, de acum, trebuie să vorbim cu tine. Mi-a

explicat că imobilul a fost al bunicilor săi, dar că Mici are drepturi asupra lui și eu am considerat că ar fi potrivit să te întreb pe tine așa cum de fapt mi-a sugerat Emil.
　-Da, înțeleg... Vă comunică Mici ce vom hotărî cât de curând. Numai bine!

* *

　Ca de fiecare dată, surorile Moldovan discută tot ceea ce le preocupă. Tina a reușit să se despartă de Mici și acum caută să fie proprietar al propriei afaceri.
　-Băncilor nu le pasă. Îți dau bani doar dacă oferi garanții imobile sau altele.
　-Și ce ai de gând să faci? întreabă Daria.
　-Nu știu. Adevărul e că dacă nu mă grăbesc cade toată afacerea cu „Steluța". Vreau neapărat să cumpăr acest spațiu pentru că se află bine amplasat și pot avea acolo și un salon cu coafor, cosmetică.
　-Super! Te-ai gândit foarte bine surioară! Ai vorbit cu mama și cu tata?
　-Nu vreau să-i amestec. Știi că întotdeauna am făcut totul singură.
　-N-o să se prăbușeadcă lumea dacă le ceri ajutorul o dată. Au bani puși deoparte. Este o investiție pentru ei.
　Ideea Dariei i se pare minunată și Tina zâmbește la gândul că totul s-a rezolvat. Fără a mai sta mult pe gânduri se îndreaptă spre bucătărie, unde la ora aceea părinții ei pregăteau împreună mâncarea pentru prânz.
　-Deranjez?
　-Haide, spune ce ai de spus! o îndeamnă mama.
　-Aș vrea să cumpăr "Steluța", spațiul în care vreaub să am coafor și cosmetic, îl vinde Aura Ionescu. Este excelent. O ocazie unică pentru cineva care vrea să se lanseze în domeniul acesta și

eu am curaj și voi reuși. Sunt și la noi multe femei care merg în oraș să se coafeze sau la cosmetică. De ce să nu se bucure că au aici ceea ce își doresc?
-N-ai pierdut timpul.
-De fapt, nu am făcut nimic deocamdată, dar ocazia aceasta nu o pot rata.
-Foarte bine. La treabă, atunci!
-Asta și fac.
-Nu înțeleg, îi spune mama. Vrei acordul nostru?
-Nu de acord am nevoie, ci de un ajutor. Îmi trebuie o sută cincizeci de milioane.
Cei doi se pivesc mirați.
-Atâția bani?! întreabă mama mirată.
-Trebuie să mă duc repede la bancă, râde tata. În euro sau în lei?
-Tată, nu glumi. Am fost la bancă. Nu-mi acordă împrumutul, pentru că nu am destule garanții.
-Dar banii ăștia nu sunt o joacă, scumpo.

* *

De fiecare dată când îl vede nervos, Adriana știe că ceva i s-a întâmplat lui Mici.
-Am impresia că acum, tu ai nevoie de ajutor.
-Să nu mai vorbim. Din cauza lui tata și a Tinei, e o perioadă groaznică. Mi-a făcut-o și de data asta afurisita...
-Ce legătură are Tina?
-În seara asta, organizează o petrecere pentru prezentarea noii ei linii de produse și ghici pe cine a invitat?
-De unde vrei să știu?
-Pe toți clienții de la Mircea Deleanu.
-Era de așteptat din partea acelei vipere.

—Dacă nu sunt atent, o să-mi ia toți clienții, mamă. Trebuie neapărat să fac ceva s-o împiedic. Nu o las să facă ce vrea. Cine se crede?.

—Ai o idee deja?

—Am, cum să nu am! Singura soluție ar fi să demonstrez superioritatea firmei noastre, să fac publicite în stil mare, să vadă Tina de ce sunt în stare...

—Și ce aștepți?

—N-am niciun ban. I-am cheltuit pe toți cu povestea asta, cu cearta din bar cu Eugen, am chitat amenda... Și nu se pune problema să vorbesc cu tata.

—O să vorbesc eu. Îl voi convinge să-ți împrumute bani.

—Tata a vorbit foarte clar, mamă. Nu vrea să mai aibă de a face cu mine.

—Auzi vorbă! Suntem încă o familie, fie că vrea sau nu! Dacă unul din noi are o problemă, el trebuie să o rezolve personal!

—Mamă, te rog, ți-am spus...

—Acum mă duc la el și îi spun câteva să nu le uite cât trăiește. Dacă-ți închipui că ne poate da la o parete, așa ca pe un rahat, se înșeală amarnic.

* *

Cei din familia Moldovan sunt încântații că mezina familiei Tina, își îndeplinește visul, acum după ce nu mai este asociata lui Mircea Deleanu.

—Spune-ne, dragă, cum merge cu "Steluța Tina", cu angajații?

—Am văzut cum vorbea azi dimineață și ei cum o ascultau. Parcă era acolo de zece ani, le spune Daria.

—E minunat. În afară de mama și tata care mi-au dat împrumutul trebuie să-ți mulțumesc și ție Daria.

—Ce legătură am eu?

—Fără sfaturile tale n-aș avea propria afacere. Și acum aș mai fi fost asociata acelui încrezut, Mircea Deleanu.

-Fii serioasă. E meritul tău.

-Eşti mulţumită, totul e în regulă? intervine mama.

-Povesteşte-le ce s-a întâmplat azi dimineaţă, Tina.

-A venit primul client şi a spus că nu se mai duce la Mircea Deleanu. După scandalul pe care l-a făcut în bar Mici săptămâna trecută, nu mai vrea să lucreze cu el.

-Bravo, înseamnă că mai există şi oameni corecţi.

-Şi e doar începutul. Ştiţi câţi au venit şi o să vină la noi? Spun noi pentru că voi sunteţi asociaţii mei. Apropo, vreau să vă cer un serviciu.

-Ei, lasă, tu eşti proprietar. Spune, draga mea.

-Trebuie să dau o petrecere pentru prezentarea oficială. Pot s-o fac aici la noi pe terasă? îi întrebă Tina.

-Sigur! Unde vrei să te duci? O să facem ceva nemaipomenit! N-o să te facem de râs, se bucură mama.

-Mulţumesc. Vă iubesc.

-Cine e PR-ul tău?

-Arhitectul Aurelian Moise. Şi nu o să mă coste nimic. El s-a oferit să facă totul gratis. E un băiat bun.

-Incredibil. Bine că ai reuşit să pui mâna pe el!

-Mă bucur că vom avea petrecerea! Am o garderobă de liceană. Nu ştiu cu ce să mă îmbrac la petrecere, schimbă subiectul verişoara fetelor, Elena.

-La vârsta ta îţi vine bine orice, o mângîie Mioara.

-Cea de la banchetul de absolvire e foarte frumoasă, îi aminteşte George.

-După ce ne punem pe picioare, cu talentul tău o să-ţi faci ce haine vrei, îi zâmbeşte Tina.

-Tata are dreptate Elena. Pentru o seară... Vai de mine! A trecut aşa repede că nici n-am observat cât e ora.

-E timpul să mergem la stomatologie? o întreabă Tina.

-Sigur că da. Am întârziat chiar.
-Dacă nu te grăbești, pierdem programarea.
-Mergeți. Noi ne gândim între timp ce să pregătim astfel ca petrecerea ta să fie reușită Tina.

* *

Supărat, Mircea Deleanu se îndreaptă spre birou, unde, de când a rămas singur, nu prea are chef de nimic. Și cum necazurile vin unul după altul, iată și „surpriza".
-Bună ziua! Deranjez?
-Nu, niciodată. Intră, Serafim
-Totul e bine?
-Nu-i rău. Vrei să bei ceva?
-Nu, mulțumesc. Medicul mi-a interzis. Zice că ficatul meu nu mai ține. Stresul e de vină.
-Se numește „bola oamenilor de afaceri".
-Poate că ai dreptate.
-Dar e un preț care se poate plăti, nu crezi? Mai ales dacă lucrurile merg așa bine ca la compania mea, zâmbește Mircea Deleanu.
-În momentul ăsta, nu pot să mă plâng. Dar iarna trecută, a fost foarte greu, oftează Serafim.
-Trebuie să profităm de această perioadă bună. Acesta e contractul nostru obișnuit. Să-l semnăm și să scăpăm de griji.
-Despre asta voiam să vorbim... Aș vrea să mă mai gândesc.
-Condițiile sunt aceleași.
-Da, dar am aflat că TinaMoldovan și-a deschis propria afacere și vreau să aștept propunerea ei înainte să iau o decizie definitivă.
-Nici o problemă, îi răspunde Mircea ca și cum nu l-ar fi deranjat răspunsul lui Serafim și adaugă: Voi găsi pe altcineva.

Dacă-l vezi pe Popescu, vreau să-i propun lui afacerea.

-Desigur. O să-l văd diseară la petrecerea organizată de Tina Moldovan, noua patroană a Institutului de înfrumusețare „Steluța".

-Poftim?

-Nu știai? Nora organizează o petrecere pentru promovarea liniei de produse cosmetice „Steluța Tina" și ne-a invitat pe toți. Vine și Măgureanu de la Brașov și Dobrescu de la București. Dacă nu ești atent, fata asta o să-ți ia mulți clienți.

-Sunt obișnuit să rivalizez cu oameni de afaceri adevărați, îi răspunde Mircea, fără a-l lăsa pe Serafin să observe că ceea ce i-a spus nu i-a picat bine deloc. Nu mi-e frică de fosta mea secretară, adaugă el zâmbind sarcastic. Acum, scuză-mă, am altă întâlnire și nu vreu să-i las să mă aștepte.

-Desigur.

-Te conduc.

-La revedere!

-Serafim... Dacă te răzgândești și sunt sigur că o vei face, știi unde mă găsești. La revedere, îi spune Mircea și, după ce închide ușa răstoarnă cu furie biroul cu tot ce se afla pe el.

* *

Cele câteva ore până seara, au trecut repede și invitații încep să sosească.

-Ce zici de tatăl tău? A organizat o petrecere pe cinste.

-Înfulecă toți ca niște..., remarcă Tina.

-Mai încet. Vrei să te audă? o întreabă Daria.

Privirea le este atrasă de apariția Elenei, care, pricepută în ale croitoriei și-a transformat în cursul după-amiezei o rochie în care arăta foarte bine.

-Tu ți-ai făcut rochia asta?

—Da.

—Ce frumoasă e! Hai du-te, pe terasă, o îndeamnă mătușa Mioara.

—Mi-e rușine...

—Serafim servește-te! Pateurile astea sunt delicioase, i le recomandă Tina.

—Le-am gustat deja. Sunt minunate. Și tu arăți superb cu coafura asta.

—Nu e meritul meu, drăguțule. Tartinele sunt făcute de mama iar coafura de o prietenă, Maria.

—Dar tu ești foarte talentată în materie de cosmetică. Cred că am făcut bine refuzând propunerea lui Mircea Deleanu.

—Poftim?

—Da, am anulat comanda. Voiam să văd întâi propunerile tale. Nu știu de ce, dar simt că această colecție a ta de produse cosmetice va fi o bombă.

—Îți mulțumesc pentru stimă. Sper să nu te dezamăgesc.

—Acum un an, trebuia să lucrăm împreună, dar n-am reușit. A intervenit Mircea și... Totuși, continuu să am încredere în tine. Dacă totul va merge așa cum cred, voi fi unul dintre clienții tăi fideli.

—Mă bucur de ceea ce-mi spui. Cu ideile pe care le am pentru noua colecție te voi impresiona, Serafim.

—Sunt convins. Acum, scuză-mă, vreau să gust și din alte specialități ale casei. Nu se trăiește doar din afaceri.

—Te rog... Bine ați venit! Ce faceți? îi salută Tina și se întreține cu fiecare invitat în parte.

—E un adevărat succes, surioară. Ai auzit comentariile invitaților? se apropie de ea Daria.

—Sunt încântați de tine. Îl vezi pe domnul acela? o întreabă tata.

—Da, e Măgureanu de la Brașov.

-Se pare că fostul tău asociat n-o duce prea bine. Povestea cu certurile prin localuri i-a cam stricat imaginea.

-Mircea va primi ceea ce merită. Nu se poate juca murdar mereu. Mă duc să salut un prieten, le spune Tina şi se apropie de arhitectul Moise. Aurelian.

-Ce părere ai?

-Sunt uluit. Cred că ai pornit cu dreptul.

-A venit tortul! Tortul pentru un viitor minunat!

-George! îl potoleşte Mioara. Vă rog să-l scuzaţi!

-N-am găsit ceva mai bun. Pentru mine, e de bun augur ce am spus.

-Trebuie să spui ceva, Tina, îi sugerează Aurelian.

-Da, sigur că da... Vreau să vă mulţumesc tuturor că aţi venit şi sper ca această seară să fie începutul unei colaborări îndelungate şi profitabile pentru noi toţi. Mult noroc! Sănătate!

-Bravo, întreprinzătoarea mea! o sărută Daria.

-Hai, George, deschide sticlele cu şampanie, îl îndeamnă Mioara.

În timp ce soţul ei umple paharele cu şampane, Mioara trece cu platoul printre invitaţi şi îi îndeamnă să servească cu încredere produsele casei:

-Serviţi, domnilor! Poftim, scumpo, pentru Iuliu cel mic!

-Şi mie?

-Sigur. Vino încoace. Bine ai venit Adi!

-Discursul mi-a plăcut, îi spune unul dintre invitaţi Tinei.

-Mai ales pentru că a fost scurt, complezează altul.

-Tăiem tortul?

-Desigur... rostesc toţi în cor.

Privirile tuturor se îndreaptă spre Tina care taie tortul.

Pe terasă îşi face apariţia Mircea Deleanu, care înaintează zâmbind. Tina îi aruncă o privire, oftează şi continuă să taie tortul.

După ce toți își iau rămas bun, Mircea se apropie de Tina și-i pune în vedere ca în maximum o săptămână familia Moldovan să elibereze casa în care au locuit perste douăzeci de ani pentru că intenționează să o vândă.

* *

Așa cum i-a promis adoratului ei fiu, Adriana Deleanu, aranjată la ultima modă, bate la ușa camerei din casa în care soțul ei locuiește de peste trei săptămâni.
-E voie?
-Adriana... Nu mă așteptam să vii.
-Nu? Nici eu nu credeam că o să vin aici, dar trebuie să vorbim neapărat despre fiul nostru.
-Las-o baltă.
-Fiul tău are nevoie de tine în acest moment.
-Incredibil! Așa ai făcut de când l-ai adus pe lume. Mereu i-ai luat apărarea. Și acum, după tot ce s-a întâmplat are tupeul să te trimită aici ca să intervii? Nu te înțeleg cum de eștii de partea lui în astfel de situații? Adriana nu-l mai cocoloși, s-a făcut de râs în cârciumă, s-a certat cu Eugen și a vrut să-l bată. Este ceva de neconceput. Ne cunoaște toată lumea și el se face de râs?! De ce se comoprtă așa? Dacă Alena s-a împăcat cu Eugen și vor să fie împreună de ce se amestecă Mici, de ce nu-i lasă în pace? Vrea el să facă pe cocoșul și îl ameniță chipurile că el își apără sora, că nu îl vrea în apropierea ei. I-a cerut Alena așa ceva? Alena și Eugen s-.au împăcat, se iubesc, de ce are el o astfel de atitudine față de Eugen, care este un medic bun și apreciat. Ce fel de atitudine e asta? De ce nu își vede de persoana lui și de problemele lui. Este lipsit de character și asta mă face să îl tratez astfel, să nu îl mai ajut cu nimic. N-are decât să facă ce vrea, dar atenție, el va da socoteală de tot ceea ce face!
-El n-are nici o legătură. A fost inițiativa mea. Știu că nu vrei

să-l mai primești la fabrică. Nu sunt de acord, dar nu-ți contest deciiziile. Dar trebuie să-i dai niște bani, altfel concurența îl va distruge.

-Ascultă-mă bine! Regret, dar nu sunt dispus să-l iert. Cu atât mai puțin să-i dau bani. Să fie clar, nu mai vede nimic de la mine de acum înainte.

-Înțeleg că sunt persoana cea mai puțin indicată pentru a-ți cere ceva, dar nu-ți pedepsi fiul din cauza mea, te rog. N-ar fi drept, ești tatăl lui, Emil.

-Dar nu-l pedepsesc din cauza ta. Mici a făcut lucruri foarte grave și acum, suportă consecințele. E major, trebuie să învețe să se descurce singur.

-De când a plecat Tina de la firmă, el riscă să-și piardă toți clienții. Vipera aia îl distruge! Una ca ea...

-Asta și merită. E limpede că a greșit. Trebuia s-o păstreze pe Tina, nu s-o lase să plece. Ce face omul cu mâna lui...știi cum se spune...

-Dacă nu-l ajuți, o să-l distrugi.

-S-a distrus singur deja. Și tu n-o mai face pe mămica înțelegătoare. Faptul că le iei apărarea copiilor n-o să le ajute la nimic, să știi...

-Ce vrei să spui?

-Dacă vrei să mă faci să te iert, dacă speri să uit că m-ai înșelat, jucând rolul unei mame înțelegtoare, te înșeli. Las-o baltă, Adriana! Nici tu, nici Mici nu mă impresionați.

-Cum îți permiți să-mi vorbești așa?

-Te rog! Ești în stare să faci lucruri și mai grave.

Adriana încearcă să-l tragă o palmă, dar Emil o prinde de mână.

* *

După ultimatumul dat de Emil, forțată de împrejurări, Tina se întoarce la directorul băncii și-i acceptă propunerea.

-A fost fantastic, Tina. Vreau să-ți spun ceva: de obicei, femeile îmi plac, după ce am făcut dragoste. Simt nevoia să fug. Cu tine e diferit. Acum, îmi pari și mai frumoasă. Vreau să ne mai întâlnim frumoasa mea...

Nora, scârbită de el se ridică repede de pe canapea.

-Unde te duci?

-Unde crezi?

-N-o lua așa, scumpo. A fost doar o afacere, precizează directorul băncii.

-Cel puțin, ai bunul simț să taci. Am obținut, amândoi, ce ne doream. Unde sunt actele împrumutului? Vreau să le semez, să scot banii și să plec.

-Câtă grabă... Ți le dau imediat, îi spune el și-i întinde contractul. Ești liniștită acum? Întotdeauna mă țin de cuvânt. Ai meritat banii, ai grijă cum îi folosești. Sper să nu te superi că îți spun, dar aș vrea să mai fac afaceri cu tine, îi spune el zâmbind. Ajunge să fluieri și ...

-Nu știu să fluier, îi răspunde ea și pleacă însoțită de zâmbetul lui scârbos care îi umple ochii de lacrimi.

Supărată, când ajunge în părculețul din fața școlii, Tina se așează pe o bancă și plânge. Felul în care a fost nevoită să obțină împrumutul a tulburat-o enorm. Dar, nu avea de ales, a fost obligată să se umilească.

„M-am vândut ca o prostituată de doi bani, Mircea! Numai din vina ta. Dar jur! N-o să mai permit nimănui să mă trateze așa. O să mă răzbun, Mircea" oftează ea adânc, se ridică de pe bancă și înaintează plângând pe alee iar după ce înconjoară de mai multe ori parcul și reușește să se calmeze, într-un târziu ajunge acasă.

-Bună, mamă.

-Nu ți-a mers bine, nu?

-Casa aceasta este a noastră. Uite actele pentru împrumut.
-Vrei să spui, că în sfârşt, suntem proprietarii casei? o îmbrăţişează bucuroasă mama.
-Nu asta voiam?
-De ce ai faţa asta? S-a întâmplat ceva?
-Nu. Sunt doar obosită şi mai am ceva important de făcut. Am venit doar să aduc contractul ca să fiţi liniştiţi că nu vă mai dă nimeni afară.
-Bine, scumpa mea. Nici nu ştii ce bucurie ne-ai făcut. Abia aştept să-i dau vestea lui George.
-Acum, trebuie să plec, mamă.

A fost cât se poate de tare în faţa mamei, dar lacrimile i-au inundat ochii de cum a ajuns în stradă. Conduce încet ca să-şi poată reveni până ajunge la „Curcubeu" unde deschide larg uşa biroului:
-Mă laşi să intru sau vorbim din prag?
-Nu cred că avem ce vorbi.
-Am venit pentru imobil, Mircea. Am dreptul de preemţiune.
-Ia te uită! Ai ajuns experă mai nou şi în probleme de drept privat? Nu poţi vorbi de nici un drept dacă nu ai bani.
-Banii mi i-a dat banca. Astea sunt actele împrumutului. Am venit să-ţi spun că, suntem gata să semnăm contractul de cumpărare.
-Felicitări, frumoasa mea! Cazi mereu în picioare. Câştigi, într-un fel sau altul.
-Să câştig, Mircea? E doar un război pe care mai bine nu-l porneai.
-Nu am început eu, draga mea. Tu mi-ai furat clienţii, nu? Cum se spune, în război, totul e permis.
-Nu, aşa trăieşti tu, Mircea. Eu am obosit de şantajurile astea. N-ai idee cât m-a costat să fac rost de bani, am fost obligată să mă umilesc.

—Doar nu vrei să spui că e vina mea?
—Ascultă-mă bine! Nu vreau să mai am de-a face cu tine. Eşti demn de dispreţ. Să nu-mi mai ieşi în cale, Mircea. Ai ai auzit?!
—De ce ţipi frumoaso! Tu eşti eleva mea cea mai bună.
—Nu! Am făcut multe greşeli şi cea mai mare a fost să te ascult atunci când l-am păcălit pe bietul bătrân, de la care ai cumpărat acest spaţşiub la jumătate din cât valorează. Dar nu sunt ca tine. Şi, acum, ştiu că nu voi deveni niciodată, încheie discuţia Tina şi pleacă.

Nemulţumit că nici de această dată Tina nu i-a căzut în plasă, Mircea se răzbună din nou pe birou, căruia, ca de obicei îi dă un pumn şi se trânteşte supărat în fotoliu. Aşa îl găseşte mama lui, care după ce a plecat Tina de la firmă i-a luat locul la marketing.

—Bună, Mici!
—Bună, mamă.
—Ce-i cu tine? Iar îţi tună şi fulgeră?
—Familia Moldovan, fiica lor... Pot să cumpere imobilul.
—Nu mai spune! Cum de au găsit bani aşa repede?
—Au împrumutat la bancă.
—De ce ai faţa asta? Ar trebui să te bucuri. Aveai nevoie de bani şi acum nu mai avem probleme cu ei. E mai bine aşa.
—Da, sigur...
—E adevărat că voiai să te răzbuni pe Tina?
—Nu ştiu. La început aşa a fost. Voiam s-o fac să plătească şi nu-mi păsa nici de familia ei, dar acum... Nu ştiu, problema asta mă face să mă simt prost.
—De ce?
—Tina a venit aici, mamă, era tulburată. Cine ştie prin ce a trebuit să treacă ca să facă rost de bani. M-a făcut să mă simt ca un vierme.
—Ce vrei să spui?
—Cunosc slăbiciunea directorului băncii la femei. E un

nesuferit, un... Nu știu dacă mă fac înțeles...
 -Ce vrei să faci?
 -O să încerc să-i vorbesc. Vreau să-i cer scuze.
 -Cui? Ei? Crezi că te va asculta?
 -Știi cum se spune... Mai devreme sau mai târziu, orice război ajunge la armistițiu, îi răspunde Mircea și pleacă.

* *

Nu putea să fie lovită în inimă: locul necunoscut e greu de lovit. Inima omului este ca și pământul: poți semăna, poți planta, poți construi ce vrei la suprafață, dar ea va continua să aibă florile și fructele sale. Ce spion bătrân e inima omului!
 Tristă, după ceea ce s-a petrecut între ea și directorul băncii, apoi după discuția cu Mircea, Tina se oprește pe terasă. Mama o vede și se apropie de ea:
 -Tina, pot să știu ce ai?
 -N-am nimic. Sunt obosită.
 -Atunci, zâmbește-mi. Ai obținut împrumutul de la bancă, tu ai "Steluța Tina". Asta voiam, nu?
 -Da, sigur...
 -Te cunosc bine. Îmi spui ce sa întâmplat?
 -Nu e nimic.
 -Chiar dacă ne mai certăm uneori, sunt mama ta, totuși. Cu mine poți să vorbești. Hai, te rog, spune-mi ce e cu tine?
 -Mamă, nu e nimic important, stai liniștită! se ridică ea de pe scaun și o îmbrățișează.

* *

În fața televizorului Alena și Mici nu știu care să mănânce mai multe floricele de porumb.

-Știi ce-mi amintește asta? Noi doi mâncând floricele? Vremurile de demult.

-Ce legătură am eu, eram mică. Tu aveai douăzeci de ani și eu doisprezece.

-Erai mică, dar foarte curioasă! În loc să dormi, veneai la mine te băgai în pat și începeai cu interogatoriul. Mă întrebai dacă eram îndrăgostit, ce făceam cu ea, cum mă săruta... Știu, mi-ai spus că tu până la șaptesprezece ani, nu ai fost sărutată de niciun băiat.

-Adevărat, recunosc. Trăiam într-o lume fantastică. Dar, tu, ai fost mai precoce.

-De fapt, n-am făcut decât să comit greșală după greșală, recunoaște Mici.

-Nu-i adevărat. Acum, cum mai e?

-Cum vrei să fie?

-Important e să înțelegi când trebuie să te oprești.

-În sfârșit, cred că am înțeles.

-Bine, fiindcă te așteaptă o treabă importantă și vreau să fii în formă frățioare...

-Ce treabă, Alena?

-Ți-am spus și îți repet, Eugen și cu mine ne căsătorim.

-Te rog să fii atentă! De data asta încercați s-o faceți înainte să se întâmple ceva. Eu am plătit amenda pentru scandalul din bar, m-am împăcat cu el, așa că, tot binele din partea mea surioară!

-Dacă vei avea tu grijă de noi, poate o vom face. Vrei să fii nașul nostru?

-Serios?!

-Da, dar în șase luni trebuie să fii hotărât cine va fii nașa. Hai. Mici, alege, din două una trebuie să fie, doar una...

* *

Totul a durat câteva luni. Sfântul Crăciun și problemele pe care i le-a creat sănătatea în ultimul timp l-au determinat pe Emil să se întoarcă acasă. Mare a fost bucuria pentru toți membrii familiei Deleanu și pentru cei ai familiei Moldovan cu care au hotărât să petreacă sărbătorile.

Nu știu, dacă printre cei care citesc această carte, se va găsi vreunul atât de lipsit de noroc, încât să nu păstreze în suflet amintiri legate de noaptea de Crăciun; noaptea aceea de sărbătoare binecuvântată, în care străzile și locurile publice devin pustii, iar în casă domnește și luminează cel mai mângâietor foc din lume.

Dacă cineva dintre acești dezmoșteniți ai soartei n-a petrecut vreodată o seară de Crăciun în mijlocul familiei, mai bine să nu citească aceste pagini căci nu va simți nicio bucurie.

Dacă, dimpotrivă există vreunul care a avut parte în alte timpuri de asemenea bucurii, iar acum rătăcește singuratic pe străzile pustii, privind cu invidie spre ferestrele închise discret, ascunzând o lume plină de lumină și de fericire, cnoscută lui, dar din care a fost smuls de o soartă nemiloasă, îl rog să-mi ierte dorul amar pe care i-l voi aduce în sufle.

Fără îndoială că nu există altă noapte mai plină de veselie adevărată, fără urmă de beție, căreia ne supunem din leagăn și până al bătrânețe și pe care o cunoaște deopotrivă vârsta de foc a pasiunii și egoismul de gheață din amurgul vieții. Cu cât ești mai întunecoasă, mai umedă și mai rece, tu, noapte de douăzeci și patru decembrie, cu-atât mai multă lumină și căldură se vor simți în căminle noastre și mai tare se va strânge cercul familiei la cină, primind vestea minunată a Nașterii Domnului.

Familia Moldovan, la care au fost invitați Emil și Adriana împreună cu Alena, respecta cu sfințenie obiceiurile Crăciunului. Astfel după noaptea de Ajun petrecută la o masă îmbelșugată și colindând, au hotărât ca în prima zi de Căciun să meargă toți la biserică. Erau la slujbă toți locuitorii satului și cei din împrejurimi.

Nașterea lui Iisus Hristos pe care o serbăm astăzi, n-a fost serbată de creștini, decât spre sfârșitul secolului 4, pe care Conciliul de la Laodicea, probabil în anul 376, o încreștinează. În anul 357 după Hristos, se raportează despre festivalul Crăciunului, sub papa Liberiu. Numai creștinii din Orient, serbau în ziua de 25 decembrie, amintirea veselă a nașterii lui Mithras, zeul ce simbolizează soarele, și care în Rig-Vede, cea mai veche carte a arienilor 1200 î.Hr. joacă rolul „de conducător luminos al zilei", pe când un alt zeu înrudit cu el, „Varuna" – care îl completează, era chemat mai ales păzitor al nopții, pe aceeași cale a laptelui pe cer. Mithras, personaj care reprezintă soarele, s-a identificat cu „Sol invictus", „Soarele învinge" al Romanilor și-au fost sărbătoriți împreună la 25 decembrie, în ziua nașterii lui „Sol invictus". Constantin cel Mare, chiar după ce s-a creștinat(?) a adorat „Soarele neînvins" și așa la creștini s-a statornicit nașterea lui Iisus Hristos la 25 decembrie, când se sărbătorea din antichitatea cea mai adâncă la Perși-Mithras și Romanii Dies-Antalis, Sol invictus. După cum se vede, avem un amestec de creștinism și de păgânism.

Bătrânul Crăciun, e o ființă curat mitologică, legea creștinească nu știe nimic de un sfânt cu numele „Crăciun". Pe Petru și pe Ioan, îi știm din sfintele Evanghelii, iar Hristos, e într-adevăr Soarele dreptății veșnice, lumină din lumină, Dumnezeu adevărat din Dumnezeu adevărat.

Totuși vocea cea mai autorizată și credibilă în privința cronologiei vieții Mântuitorului, este Istoria Bisericească Universală, de unde aflăm că deși nașterea lui Iisus Hristos este cel mai însemnat eveniment din istoria omenirii, data ei nu se cunoaște precis.

Era creștină, calculată de Dionisie cel Mic, este în minus cu câțiva ani, el punând nașerea lui Iisus, mai târziu decât a fost, la 753 ab urbe condita – era romană socotită de la 753 î.d.Hr. pe timpul lui Romulus și Remus. În realitate Iisus Hristos s-a născut înainte de anul 750 a.u.c., întemeierea Romei, anul morții lui Irod cel Mare, cum au și socotit unii scriirori vechi. În Evanghelii se găsesc câteva indicații de timp privitoare la nașterea sau la vârsta lui Iisus: Domnia lui August, Preconsulatul lui Quirinus, timp de pace, un recensământ, Steaua magilor, uciderea pruncilor, moartea lui Irod, apoi începutul activității publice a lui Ioan Botezătorul, care precede cu puțin pe a Mântuitorului, în anul XV al domniei lui Tiberiu când Iisus avea „cam 30 de ani". De asemenea aluzia la vârsta lui − Ioan și la zidirea templului de către Irod. Aceste indicații îndreptățesc să se așeze anul nașterii lui Iisus Hristos între 747-750 a.u.c. de la întemeierea Romei. Mai probabil sunt anii 748-749, dintre care de preferat este primul 748. Era creștină așa cum este socotită, începe deci, 3-6 ani mai târziu decât nașterea lui Hristos. Ca și anul nu se cunoaște nici luna, nici ziua nașterii lui, tradiția creștină a fixat-o mai târziu la 25 decembrie, spune Istoria Bisericii Universale. În tradiția creștinismului, Maria, Myriam - în ebraică, logodnica sau soția neprihănită a dulgherului Iosif, L-a născut pe Iisus Hristos într-o iesle din Betleem. Zămislind de la Sfântul Duh, ea este calea lui Dumnezeu către oameni. Formula nașterii dintr-o fecioară nu aparține exclusiv creștinismului, ea fiind prezentă în numeroase mituri preexistente creștinismului. În Avesta de pildă, se vorbește despre reîncarnarea lui Zarathustra în mântuitorul Saoshyant care urma să se nască din fecioara Eredatfedhri. Unii cercetători și-au îngăduit s-o pună pe Fecioara Maria în raport mitologic cu Marile Mame ale tradiției antice: Rhea, Kybele, Astartes, Cotys, Ishtar, Geea. A fost pusă în reală relație și cu zeița Egiptului antic − Isis. Imaginea zeiței Isis alăptându-l pe Horus-copil era adeseori confundată ce cea a Mariei cu pruncul. De asemenea, tipul acesta de Pieta ale artei creștine, în care Fecioara ține pe genunchi trupul mort al divinului ei Fiu pare a avea ca model − și aici este vizibilă îndemânarea cu care Biserica a reușit să implanteze germenii noii credințe pe solul păgânismului antic

– unele lucruri de artă în care zeița Astartes își ține iubitul muribund, Adonis în brațe.

Nu este lipsit de interes și faptul că moartea lui Iisus s-a suprapus datei la care a murit Adonis – zeul asirian al vegetației. Betleem, acolo unde s-a născut cel ce spunea că „Eu sunt pâinea vieții", înseamnă „Casa pâinii" și că Adonis era „spiritul grâului". Nu este întâmplător faptul că sărbătorile păgâne și cele creștine ale morții și învierii divine au fost celebrate în aceleași perioade ale anului.

De amintit și faptul că una dintre cele mai cutremurătoare întruchipări din cultura omenirii este acea a femeii ce-și crește pruncul (erou civilizator?) pentru jertfa în numele binelui colectivității (omenirii).

A existat steaua Betleenului? Pentru credincioși această stea a fost un mesager divin către astrologii răsăriteni cărora le-a vorbit despre nașterea noului „împărat". Pentru oamenii de știință această stea nu a fost altceva decât o conjuncție a stelelor Jupiter, Saturn și Marte, în zodia Peștilor. În anul 1604, pe 10 octombrie, Kepler – renumitul astronom – a observat o stea strălucitoare de o luminozitate excepțională. Era o altă conjuncție a celor trei stele. Presupunând că este vorba de Steaua magilor, el a ajuns la concluzia, prin calcule minuțioase, că o conjuncție similară a mai avut loc între anii 7 și 6 înainte de Hristos, respectiv cu doi ani înainte de nașterea Mântuitorului, dar se ține seama de calcularea greșită a calendarului - în anul 526 d.Hr., împăratul Iustinian a însărcinat pe călugărul Dionysius Esiguus să întocmească un calendar creștin, care să meargă în urmă până la naștere lui Iisus.

În socotelile sale, călugărul a greșit cu câțiva ani: în loc să pună nașterea lui Iisus în anul 749 de la fondarea Romei, adică anul 5 înaintea erei noastre, el a pus-o în anul 754. Această greșală de calcul i-a făcut pe mulți să se îndoiască de faptul că Irod, a apucat nașterea lui Iisus, întrucât respectivul împărat a murit în anul 4 î.Hr., 13 martie, la Ierihon. Conform datelor restabilite, moartea lui Irod, care a domnit între anii 37-4 î.Hr. a avut loc în primăvara următoare, - anul 750 de la fondarea Romei - naşterii lui Iisus.

* *

De câte ori timpul le permite, Emil Deleanu şi doctorul Dragoş Păun, cei doi prieteni de o viaţă, joacă tenis în sala de sport sau dacă e timp frumos afară.

Pe trenul de tenis, cei doi încep partida. După primele mingi, Emil începe să simtă oboseala. Dragoş observă că prietenul lui nu se simte prea bine, dar nu reuşeşte să-l întrebe ce se întâmplă cu el, pentru că acesta cade la pământ.

Doctorul Păun se apleacă şi-i verifică pulsul. Semnele erau ale unui infarct: paloare, transpiraţii reci. Repede formează numărul de telefon şi cheamă ambulanţa. Emil este internat, i se administrează anticoagulante, antibiotice şi i se recomandă repaus total la pat.

Aflând de la Alena că cei doi vor fi la cabană la sfârşitul săptămânii, Adriana nu mai stă pe gânduri şi pleacă acolo între munţi, unde de fiecare dată s-a simţit bine.

Gândul o poartă departe în timp, la ultima ei excursie la munte înainte de a se căsători cu Emil. Era studentă la Bucureşti şi împreună cu un grup de prieteni mergeau des la munte.

„De mică îmi place muntele «da morire», vorba italienilor, dar cu grija repartizării, cu frica de a nu îl pierde pe Emil, între două perechi fericite şi o familie nemaipomenită din Zărneşti - care ni s-a alăturat, eu m-am simţit ca o oaie rătăcită. Marius, din prima zi de drumeţie cu zărnăştenii, a şi devenit alfa şi omega în ochii acestora şi a domnului Gelu, marele «estet», care ne oprea din loc în loc să ne deschidă ochii spre frumuseţile peisajului. Peisajul era într-adevar falnic, dar de ce era nevoie de «barba» patriotismului său local?

- Ah, simțiți ce aer?!... Ardealul, Ardealul meu!
- Dar te uită, neică, și spre sud, că nu mi-e rușine!
-Răgățene, aici nu există nici sud, nici nord, nici nimic, aici există Ardealul, Șincai și Gheorghe Lazăr, Horia, Cloșca și Crișan, Avram Iancu, Oltul lui Goga...
- Cu «O» de la Oltenia!
- Cu « Vi» de la Viștișoara!
- De unde până unde?
- Ai sa vezi tu de unde până unde!... Domnu' Nica, așa îl chema pe capul familiei din Zărnești, în final, vă rog, ne abatem pe la rudele mele! Pornim din Viștea de Sus și ne vom opri în Viștișoara!
-Domnu' Gelu, ca-n final vom fi la Jiu, ca să ne întoarcem, d-apoi că-ntre Jiu și Viștea Mare e traseul ăl mai greu!... Fiul cel mare al zărneștenilor, Sandu, l-a coborât din patetism și nerozie, pe zmeul zmeilor, și mi l-a așezat cu picioarele pe piatra de munte.
-Vedem noi cum facem, până la Viștea, ne vom întoarcem cu trenul.
-De ce nu, cu avionul? Un telefon la Comitetul Central, deviați cursa București-Timișoara pe ruta Surul-Viștișoara, și treaba e făcută!
Toți au râs, în afara marelui ardelean, care a scrâșnit din dinți, enervat:
-Vezi tu avion!
Ne-am așternut la drum, pe un urcuș nu prea abrupt, dar îndelung, printr-o pădure de fagi și alte foioase, spre cabana din capătul de răsărit al Făgărașului, cu un nume pe deplin îndreptățit: Plaiul Foii. Pas egal, fără grabă, cu popasuri dese. Toți din echipă, cu excepția baieților Sandu și Țuțu, membri înregistrați la un club de alpinism, care se avântau în avant-gardă, la sute de metri, toți ceilalți au căzut de acord cu «filozofia» mea turistică, pusă în practică la fiecare doi kilometri, cum

că, la munte, mersul este doar mijloc, scopul fiind... popasul! «Dușmănia» dintre mine și Marius, cu timpul s-a mai tocit. Nici eu singură nu prea înțelegeam ce ne făcea să ne împungem ca taurii ori ca țapii de capre negre, pentru a fi în contextul Făgărașului. Probabil, aluatul de actori închipuiți, mereu la dospit, gata oriunde și oricând să reverse spre «spectatori», spre aplauze la scena deschisă!

Urcam spre Moldoveanu, între Podragu și Balea. Am ajuns la talpa vârfului, după prânz. O «căciula» umflată larg, pe kilometri. Căldură de iulie...Urcam pe poteca în serpentină, suprapusă, colac peste colac...Urcuș greu devastant... Băieții, Sandu și Țuțu, erau deja la vârf, ne tot grăbeau ca la munte:

-Ho-la-raaa...ti-tiii...!

Când am ajuns lângă ei, eram franți, morți de vii. Marius răsufla ca un motor supraîncălzit, cu o mână pe inimă:

-Pompaa!...

Greul trecuse. De la vârf până la Balea, bulevard, traseu drept, numai în coborâre. Greul trecuse, nu și proba de foc, cei 30-40 de metri, până la cucuiul cel mai de sus al țării. Mulți se laudă c-au trecut această probă, dar nu toți grăiesc adevărul! Acolo sunt de fapt două vârfuri, alăturate, Viștea Mare și Moldoveanu. Să ajungi la ultimul, ai de parcurs o muchie de 30-40 metri, ca la «zidul morții», scuipându-ți în sân și zicându-ți: ține-mă Doamne să nu mă prăvălesc în Valea Rea! Așa se cheamă hăul gata să te-nghită.

Cu ajutorul băieților, toți am trecut proba de foc, toți, în afară de Marius, care încă își mai domolea pompa.

La cabana Balea Lac am poposit patru zile. Mai departe, pe creastă, spre Negoiu și Suru, din loc în loc, trebuia să treci asigurat în «coardă», ca alpiniștii. Aveam cu noi și corzi și alpiniști, în persoana baieților. Ne tenta aventura, dar continuam să «reflectăm». Tot coboram pe serpentină, la bază, să vedem cascada și măgărușii de la cabană de jos, Bâlea Cascada...Eu am trimis și niste vederi la București, acolo poșta era mai sigură și mai rapidă: o vedere lui Emil, alta acasă, la părinți, rugându-l, prin ei, pe Emil, să treacă pe la școală, să mă acopere încă două săptămâni, în caz că voi fi chemată să încep slujba. In cele din urmă, Marius, care a mocnit idea lui trăznită ne-a convins să înrerupem «expediția» și să-i vizităm rudele, fiind în apropiere. Ne-am întors pe la poalele crestei, spre cursul râului Viștișoara, pe lângă păduri bătrâne de fagi, pe lângă fânețe și grădini cu miros de iarba cosită. O noapte, am dormit înghesuiți în cort, la capătul unei fânețe. Am dormit este un fel de a spune. A plouat cu găleata, iar pe sub noi se scurgea apa, râuri, râuri... Pentru acel chin nocturn, ne-a răsplătit ospitalitatea rudelor lui Marius, peste care am dat buzna, la rând, din Viștea de Jos, în Viștea de Sus și Viștișoara. Alte patru zile, am fost hrăniți cu pâine la țest, cu lapte de bivoliță, cu branză frământată, ținută în coajă de brad, cu supe și fripturi de pasăre și chiar cu miel văratec la cuptor. Fiind zonă montană, înaltă, exclusă de la colectivizare, gospodarii nu sărăciseră, ca la câmpie!

Ultima noapte, în Vistișoara, «băieții», Nica, dom' Gelu, Costea, Mimi, Tanța, eu, Sandu și Tuțu am dormit în fânar, pe fân uscat, sub care se coceau merele văratece. De vis!...Ne-am întors spre București cu trenul, prin Sibiu și Brașov. Marius, de parcă îl învinsese pe Napoleon la Waterloo, deasupra, călare, cu nările umflate de orgoliu și supremație! A scos suta dosită bine în portofel, ne-a invitat la vagonul restaurant. Fripturile ni le-am plătit fiecare, dar berea a plătit-o el pentru toți. La Brașov, ne-am luat rămas bun de la zărneșteni, îmbrățișându-ne, pupându-ne. Am promis să-i vizităm și anul viitor, să «batem» împreună și creasta muntelui din coasta orașului lor, cu nume domnesc: Piatra Craiului.

Doamne, oftă Adriana, câți ani au trecut de atunci!"

Cabana era așezată într-un loc bine ferit de vânt, aproape de un izvor iar Emil o costruise tocmai pentru că le plăcea muntele atât lor cât și copiilor. A costruit cabană la îndemnul Adrianei și au amenajat și o mică bază sportivă în curtet și o sală de sport pentru vreme de iarnă sau când ploua, ceea ce-i făcea să se simtă bine de câte ori aveau prilejul să ajungă acolo.

Spre surprinderea ei, Adriana nu-l găsește la cabană pe soțul ei și pe doctorul Păun și se întoarce acaspă supărată chiar dacă s-a întunecat și ar fi putut să rămână acolo peste noapte.

* *

Bine dispus că afacerile lui o iau încet pe drumul cel bun, Mici își toarnă puțin wisiky, dar nu duce bine paharul la gură că o vede pe mama lui care intră nervoasă și trântește poșeta pe fotoliu.

-Ce-i cu tine, mamă! Cum de te-ai întors așa de repede? Ce față ai? Așa-ți trebuie! Ți-ai făcut-o cu mâna ta și știi cum e: ce face omul cu mâna lui e lucru manual... Trebuia să-l lași să se odihnească, doar era la cabana noastră nu în altă parte. Ți-am spus să nu te duci acolo. Hai, spune-mi. Iar v-ați certat? N-a mers prea bine cu tata?

-Nu. Exact!

-Ce s-a întâmplat?

-Nimic. Nici nu l-am văzut, îi răspunde ea nervoasă. Am văzut în schimb pe masă resturi de mâncare și două pahare din care după miros mi-am dat seama că au „gustat" ceva...

-Plecase deja când ai ajuns acolo?

-Nu s-a dus să joace tenis. După cât se pare, tatăl tău s-a hotărât să practice un sport mai distractiv.

-Nu pot să cred! râde Mici și parcă-l vede pe tatăl său însoțit de o blondă.... Vrei să spui că e cu altă femeie?

-Mă tem că are pe altcineva. Se repetă povestea de acum zece ani.

—Fii serioasă! Tata nu mi se pare genul care să aibă o aventură, încearcă el să o liniștească, deși i-ar fi surâs ideea.

—De ce nu? E încă un bărbat frumos, și, mai ales, bogat. Știu câte femei sunt sensibile la acest argument.

—Chiar și bărbații, dacă e vorba de asta. Sau crezi că tipul ăla, Leo, voia să fie cu tine din dragoste?

Supărată, fără să-i răspundă, Adriana se îndreaptă spre camera ei.

* *

Dimineața, în bucătărie Adriana prepară cafeaua iar Mici termină de mâncat și așteaptă să fie servit cu licoarea bine mirositoare pe care mama o prepara cum îi plăcea lui și nu pleca niciodată de acasă fără să bea o cafea împreună cu ea.

—Bună dimineața, mamă! Tata încă doarme?

—Nu știu.

—Cum nu știi?! se miră Alena.

—Nu știu. Habar nu am. Nu s-a întors. Cred că a făcut altceva în loc să doarmă.

Alena îl privește întrebător pe Mici.

—Nici măcar nu a dat un telefon ca să anunțe că nu vine, continuă mama atât de supărată, încât toarnă cafeaua pe lângă cană. Fir-ar să fie, uite ce am făcut.

—Poate a pățit ceva.

—Ceva foarte plăcut, presupun.

—Nu stă în firea lui. Niciodată n-a lipsit de acasă fără să anunțe, îi ia apărarea Alena.

—Să nu dramatizăm! Ce să se întâmple? intervine Mici. Poate mama are vreo idee.

—Nu vreau să vorbesc.

—Îmi spuneți și mie?

—Nu sunt prea multe de spus. Se pare că tata s-a hotărât să

se distreze, ca să-i spunem aşa, zâmbeşte şi învârte Mici cuţitul în mână.

-E destul de greu, nu începe cu glumele tale de doi bani, Mici!

-Are dreptate, Alena. Mici, termină te rog... Voiam să minimalizez. Nimănui nu-i place povestea asta.

-Nu vă înţeleg. Vreţi să spuneţi că tata a fost cu altă femeie? insistă Alena.

-Se pare că da, îi răspunde mama supărată. Trebuia să mă aştept la asta. Era o chestiune de timp.

Alena formează numărul de telefon:

-Ei, bine, tata are telefonul închis.

-Ce vă spuneam eu se adevereşte.

-La ce te aşteptai? Să lase telefonul deschis în timp ce... îi spune zâmbind Mici.

-Mai taci din gură! Eu nu cred că tata are altă femeie, îi replică Alena.

-Ţi-a spus el? întreabă Mici.

-N-a fost nevoie. De ce susţineţi aşa ceva? L-ai văzut cumva cu altă femeie? Mici, termină cu idioţeniile tale!

-Nu l-am văzut, dar ce, trebuia să îl văd eu?

-Acum, îmi explic foarte multe lucruri, se ridică nervoasă de la masă mama.

-Tata este un om serios. Dacă ar fi fost aşa, ţi-ar fi spus imediat.

-Nu era nevoie, intervine din nou Mici. Dacă s-a întors acasă a făcut-o doar de sărbători şi asta ca să te ajutăm pe tine să-ţi revi. Nu-i aşa mamă? La casa lui de la ţară nu a renunţat, aşa că, nu ai de unde să ştii ce s-a...

-Are dreptate Mici. Acum am înţeles totul. Mai bine mai târziu decât niciodată! M-am hotărât. Voi pleca în Europa şi voi rămâne la Munchen câteva luni. Ştii că de la ea am primit o scrisoare, Alena. De mult mă tot invită fosta mea colegă de facultate să megem împreună pe Coasta de Azur și uite că a venit și momentul să răspund acestei invitații.

* *

Supărată că nu știe nimic despre soțul ei, Adriana se programează la cosmetică și la coafor și pleacă de acasă imediat după micul dejun.

Așa obișnuiește să facă în ultima vreme, de câte ori supărarea pune stăpânire pe ea. Se aranjează și colindă toate magazinele, fără să-i pese de nimic. Și își mai și cumpără ceva ce și-a dorit de mai multă vreme, dar a tot amânat să o facă.

Primul care află, și asta pentru că acasă n-a răspuns nimeni la telefon, este Mircea, pe care doctorul Păun îl apelează la birou și îi spune ce i s-a întâmplat cu o seară înainte tatălui său, în timp ce jucau tenis.

Împreună cu Alena, Mircea ajunge la Clinica de Cardiologie, acolo unde tatăl lor a fost internat de urgență.

-Bună, tată. Ce-ai făcut?

-N-am vrut să vă... încearcă el să le explice și să se ridice mai sus pe pernă.

-Nu face efort. Avem timp să vorbim. Nimeni nu ne va despărți. Te iubesc, tată, îl mângîie cu lacrimi în ochi Alena.

-Și eu te iubesc, comoara mea.

-Profesorul spune că reacționezi bine. În scurt timp, te vom duce acasă. Va fi vai de tine. N-o să te lăsăm o clipă singur. O să te răsfățăm de dimineața până seara.

-Credeam că n-o să vă mai văd.

-Și noi să știi că am avut asemenea momente, îl mângîie Alena plângând.

-Domișoara Alena, puțină seriozitate! caută Mici să schimbe atmosfera. Tata, e slăbit, nu trebuie să-l obosim.

-Ai dreptate, scuză-mă.

-N-o băga în seamă, tată. E femeie. Știi cum sunt femeile. Încearcă doar să nu bocești, nu ai de ce, o atenționează el pe Alena.

-M-am gândit mult la voi. Mi-era teamă că o să mor, dar cel mai cumplit era gândul că nu vă pot îmbrățișa pentru ultima oară. A fost îngrozitor!

-Suntem cu toții aici. Și poți să fii sigur că n-o să te mai lăsăm niciodată să faci doar ce vrei tu! îi spune Adriana, care intră în salon împreună cu doctorul Păun.

Zâmbitoare, aranjată ca în zilele ei bune, frumoasă ca întotdeauna, ea se apropie de el, se apleacă, îi mângîie părul care deși devenise grizonat, nu își pierduse cârlionții, și îl sărută pe frunte.

-Adriana, iartă-mă!

-Nu mai vorbi. Acum trebuie să dormi.

Doctorul Păun a insistat și în cele din urmă a reușit s-o găsească pe Adriana, care, după ce află ce i s-a întâmplat lui Emil pe terenul de tenis, regretă că a gândit rău despre el, dar faptul era deja consumat.

* *

În ziua următoare, când deschide ochii, Emil o vede pe soția lui așezată pe scaunul de lângă pat.

-Cum se simte soțul meu în dimineața asta?

-Adriana, iartă-mă!

-Stai liniștit, dragul meu. Rămân aici, lângă tine. Bine? Nu te obosi, trebuie să te odihnești.

-Nu vreau să mă odihnesc. Vreau să te prtivesc, să-ți aud glasul. Tot nu-mi vine să cred că ești lângă mine.

-Și eu simt la fel. Azi noapte, am avut un vis superb. Stăteam amândoi îmbrățișați și priveam de pe terasa casei cum apune soarele în lac. Eram fericiți... Când m-am trezi, am fost extrem de fericită. Sper din tot sufletul ca acest vis să se împlinească în curând. Nu-mi doresc mai mult decât să împart cu tine fiecare clipă.

-Mă bucur că te aud vorbind așa. Te iubesc mai mult ca orice pe lume. Întins în pat, nu știam exact unde sunt și mă gândeam la tine, la chipul tău, la noi doi... îi prinde el mâna și o reține între mîinile lui. Noi amândoi... Numai gândul ăsta mă mai liniștea. Și îți vorbeam.

-Serios? Și ce îmi spuneai?

-Îți povesteam despre mine. Îți spuneam cât de mândru sunt să te am alături.

-Eu credeam că ești supărat pe mine pentru certurile cu copiii, pentru micile noastre neînțelegeri și mai ales pentru acea aventură pe care am avut-o cu... Dar, mai bine ar fi să nu ne mai gândim la...

-Nu, nu am fost niciodată supărat pe tine. Nu te-am urât, ba chiar te-am iubit foarte mult. Suferința sapă în sufletul omului, te face să înțelegi multe. N-am încetat nici o clipă să te iubesc. Toată furia a dispărut și inima mea e liberă.

-Emil, dragul meu...

-Trebuie să uităm trecutul, să mergem înainte uniți, și să ne regăsim liniștea, îi spune el și îi sărută mâna.

-Nu mai vorbi... Nu trebuie să te obosești, îi spune ea și îi apropie paharul cu apă de buze.

-Singurul lucru care m-a ajutat să supraviețuiesc a fost gândul de a te putea îmbrățișa. Abia aștept să mă întorc acasă, să te strâng la pieptul meu.

-O s-o facem în curând. Acum, trebuie să te odihnești, să te gândești doar la sănătatea ta.

-Bună, tată!, se deschide ușa și tânărul Deleanu care se abătuse din drumul său spre fabrică intră în salon.

-Mici, fiule...

-Cum te simți? Arăți minunat.

-Numai datorită mamei tale. Faptul că e lângă mine mă face să mă simt mai bine.

-Nu, Mici, glumește, eu nu am nici o legătură. Tatăl tău e puternic și curajos.

-Dacă sunt în plus, spuneți, nu vă sfiiți. Vorbesc serios, tată... Arăți foarte bine.

-Acum, pot să spun că s-a terminat...

-Arătai groaznic. Doctorul Păun mi-a spus că a făcut tot posibilul ca să te salveze.

-Sigur, și de data asta, ai exagerat puțin... Știi doar că, dacă nu face de capul lui... Dar nu și-a pierdut niciodată speranța. A fost hotărât și asta ne-a ajutat enorm.

-Mulțumesc. Am făcut doar ceea ce ar fi făcut oricine, le spune doctorul Păun care intră încet pe ușă.

-Acum, vă las singuri, se ridică Adriana de pe scaun și îi sărută pe amândoi. Am niște probleme de rezolvat. Plec, dar mă întorc repede.

-Mici, fiule, n-ai ideea ce mult m-am gândit la tine.

-Și eu, tată. Sincer.

-Uneori e greu să accepți că un fiu nu-ți seamănă. Acum am înțeles că luam hotărârea ta drept aroganță. De aceea eram așa furios pe tine.

-Știu...

-Acum știu și că tenacitatea face parte din caracterul tău. E ca o energie pe care o pui în tot ceea ce faci. Obiectivele tale sunt și binele și răul. Încăpățânarea ta a fost de folos pentru toți.

-Așa sunt eu, îi spune Mici zâmbind. Nu mă pot schimba. Nici în bine, nici în rău, cum spui...

-Dar, în ciuda deosebirii e un lucru care ne unește: importanța pe care o acordăm familiei.

—Poate că, la serviciu nu avem aceleași păreri, dar tu ai fost întotdeauna un model pentru mine, tată. Știi, când mă țineam după tine? Voiam doar să te copiez, să fiu ca tine și nu reușeam. Tu ai fost întotdeauna iubit de cei cu care ai lucrat.
—Eu am vrut mereu respectul tău, nimic altceva, Mici...
—Fii sigur că îl ai.
—Mă bucur. Acum, însă, trebuie să dăm de o parte toate acestea. Trebuie să avem o relație de încredere între noi. Vreau ca, în casa noastră, să fie, în sfârșit, liniște și armonie.
—Bine, îi zâmbește Mici. Te asigur că îmi voi da toată silința. Îți promit.
—Mulțumesc.

* *

Spre seară, Emil a fost vizitat din nou de soția sa. Se simțea tot mai bine și aștepta cu nerăbdare să fie externat.
—Nu știu ce au ăștia cu mine. De ce nu mă externează?
—Cu un infarct nu poți să te joci, Emil. Ai răbdare. Mâine seară vei fii acasă. Ne vedem mâine. Încearcă să dormi bine.
—Sigur, așa voi face draga mea. Noapte bună!
—Noapte bună, dragul meu, îi spune ea și îl sărută.
A doua zi, de dimineață, doctorul Păun a întocmit formele pentru externarea lui Emil Deleanu și astfel, Adriana l-a putut scoate din spital pe soțul ei mai repede decât se aștepta.
—Căsuța noastră, cuibușor de nebunii... începe să cânte Emil când intră pe ușă. Era cât pe ce să nu... mi spune el, dar se oprește și după ce o cuprinde pe după nijloc pe Adriana ies amândoi pe terasă.
—Emil, nu mai gândi negativ. În sfârșit, ești acasă. Trebuie să privim înainte și să uităm de acest coșmar.
El își dă seama că soția lui vorbește așa doar ca să-l liniștească, pentru că e sigur că și ea se mai gândește la ceea ce ar fi putut să

i se întâmple.

-Adriana, ce ai?

-Încerc să fiu tare, Emil, dar când mă gândesc că acum puteai să ...

-Să fiu mort. Da. Totul a trecut, iubito. Acum, sunt aici și n-o să mai plec de lângă tine niciodată, îi spune el și o sărută.

După ce mai privește o dată de pe terasă grădina cu flori și livada, Emil o prinde pe după umeri pe soția lui și intră amândoi în sufragerie.

-Casa noastră... Ce bine e acasă!

-Pregătește-te, te așteaptă o surpriză.

De pe terasă își face apariția prietenul lor de o viață, George Moldovan, căruia îi spusese Adriana că azi Emil va ajunge acasă și s-a grăbit să fie primul care îl vizitează.

-Voiam să-ți spun atâtea, Emile, dar sunt foarte emoționat, îi spune el.

-Nu-ți face griji, nici eu nu știu ce să zic.

Surpriza nu se termină însă aici pentru că doctorul Păun urcă și el scările și le face semn cu mâna.

-Și tu ești aici, mă bucur! Nu-mi ajung cuvintele ca să-ți mulțumesc. Mi-ai salvat viața, prietene.

-Nu mă face să roșesc, îi spune doctorul Păun. Lucrul cel mai important e că ai ajuns acasă.

-Mici, vino să te îmbrățișez.

-Înainte să bem un pahar, trebuie să-ți spunem cu toții bine ai venit!

-Nu știu ce să zic... Nu pot decât să mă repet. Nici nu știți cât de mult înseamnă pentru mine să fiu alături de voi. Dragostea voastră și sprijinul pe care mi l-ați acordat mă fac să uit coșmarul pe care l-am trăit. Ne dăm seama de valorile mici din viața de zi cu zi doar când suntem lipsiți de ele. În clipa de față sunt extrem de fericit pentru că sunt alături de voi. Mă suzați, nu știu ce să mai spun...

-Bine ai venit, Emil! Să ciocnim un păhărel pentru tine.

-Bine ai revenit!

-Beți, dragii mei, să vă fie de bine!

Bucuria că Emil e în afară de orice pericol și că e din nou în mijlocul celor dragi, se citește pe fețele tuturor.

* *

După plecarea oaspeților, Adriana se apropie de soțul ei și îl cuprinde cu brațele.

-Emil, vreau să te întreb ceva. Poate ți se va părea prostească întrebarea mea, dar e important să știu.

-Ce anume?

-Mă mai iubești?

-Sigur că te iubesc și vreau să fiu alături de tine. Când mă gândesc că am scăpat de coșmarul ăla, că am o nouă viață... Problemele din trecut nu mai contează.

-M-am temut că nu m-ai iertat.

-Adriana, iubita mea, o strânge el la piept. Iubito, trebuie să uităm trecutul și să fim din nou fericiți, ca atunci când ne-am cunoscut, îi spune el și o îmbrățișează. Ba chiar mai fericiți decât atunci. Fiindcă acum, va fi și mai bine.

-Îți promit că nu vor mai exista secrete între noi și că vom trece împreună peste toate necazurile.

-Te rog, Adriana, nu mai vorbi despre necazuri. Cred că am suferit destul. Cu riscul de a mă plictisi, vreau să duc o viață liniștită, banală.

-Sunt de acord cu tine. Aș vrea să vorbim mâine dimineață despre asta. Ce zici, Emil?

-Bine. Acum, cred că e destul de tâziu și putem să ne ducem în dormitorul nostru, îi răspunde el și o sărută.

Trecutul era trecut. Privirea ei se încrucișează cu a lui și zîmbesc amândoi fericiții.

„La început, a fost viața apoi a fost tot viața, apoi va fi tot viața" se gândi ea.

Totul e așa cum trebuie să fie.

* *

Și pentru că e loc sub soare pentru toți nu știu de ce se iubește se trăiește și se moare într-o lume plină de minciuni. Mă întreb întruna de ce oare când pământul cu noi este bun? Cu toții putem să petrecem această clipă ce desparte nașterea de moarte cât mai plăcut. O clipă pe care omul n-o știe, n-o vede n-o ia în seamă, uneori o cheamă sau o blesteamă, atunci când devine fior o scrie, o cântă o poartă ca pe propria-i soartă.

Atenție dar, clipa nu este har, ci e drum sau hotar.

Secretul iubirii adevarate? Puterea destinului?

Iubirea adevarata este un dar care trebuie prețuit și apreciat. Nu este ceva ce găsești într-o zi ca pe o scoică frumoasă pe țărmul mării pe care o pui undeva s-o admiri. Iubirea adevărată este o parte a vieții care are viața ei proprie. Prețuiește-o și apreciaz-o și va crește, va deveni din ce in ce mai profundă și mai bogată.

Primul secret al iubirii adevărate este să știi când ai găsit iubirea vieții tale, cealaltă jumătate a ta, cea care este mai importantă decât tine, cea de care întreaga ta ființă spune că este jumătatea ta.

După ce intâlnești iubirea adevărată, secretul de a o păstra vie este acela de al pune pe celălalt înaintea propriei tale persoane fără egoism și de a comunica într-un mod pozitiv și deschis. Multe relații de dragoste și-au pierdut tăria datorită greșelilor unuia sau amândurora, egoismului și lipsei de comunicare dintre cei doi.

Când doi oameni intâlnesc iubirea adevărată și fiecare pune

speranțele, visele, dorințele și sentimentele celuilalt mai presus de ale sale, comunică și își împărtășesc gândurile cele mai intime, se întâmplă lucruri minunate!

Iubirea adevărată pe care ai întâlnit-o crește în ceva mai frumos decât un trandafir, mai adânc decât un ocean și mai puternic decât se poate imagina. Fără egoism, fără să te pui înaintea celuilalt, comunicarea între cei doi și este de ajuns ca iubirea adevărată să supraviețuiască!

Reflection Publishing
P.O. Box 2182
Citrus Heights, California 95611-2182
E-mail: info@reflectionbooks.com
Tel/message: (916) 604-6707
www.reflectionbooks.com

www.ingramcontent.com/pod-product-compliance
Lightning Source LLC
LaVergne TN
LVHW051835080426
835512LV00018B/2888